# OS SONHOS
# E A MORTE

BIBLIOTECA CULTRIX
DE PSICOLOGIA JUNGUIANA

Marie-Louise von Franz

# OS SONHOS E A MORTE

Uma Visão da Psicologia Analítica sobre os
Múltiplos Simbolismos do Estágio Final da Vida

*Tradução*
Roberto Gambini
Analista pelo Instituto C. G. Jung de Zurique

**Editora Cultrix**
SÃO PAULO

Título do original: *Traum und Tod*.

Copyright © 1984 Kösel-Verlag GmbH & Co., Munique.

Copyright da edição brasileira © 1991, 2021 Editora Pensamento-Cultrix Ltda.

2ª edição 2021.

Todos os direitos reservados. Nenhuma parte desta obra pode ser reproduzida ou usada de qualquer forma ou por qualquer meio, eletrônico ou mecânico, inclusive fotocópias, gravações ou sistema de armazenamento em banco de dados, sem permissão por escrito, exceto nos casos de trechos curtos citados em resenhas críticas ou artigos de revistas.

A Editora Cultrix não se responsabiliza por eventuais mudanças ocorridas nos endereços convencionais ou eletrônicos citados neste livro.

**Editor:** Adilson Silva Ramachandra
**Gerente editorial:** Roseli de S. Ferraz
**Gerente de produção editorial:** Indiara Faria Kayo
**Editoração eletrônica:** Join Bureau
**Revisão:** Vivian Miwa Matsushita

### Dados Internacionais de Catalogação na Publicação (CIP)
### (Câmara Brasileira do Livro, SP, Brasil)

Franz, Marie-Louise von

    Os sonhos e a morte: uma visão da psicologia analítica sobre os múltiplos simbolismos do estágio final da vida / Marie-Louise von Franz; tradução Roberto Gambini. – 2. ed. – São Paulo: Cultrix, 2021. – (Biblioteca Cultrix de psicologia junguiana)

Título original: Traum und Tod
ISBN 978-65-5736-129-0

1. Morte nos sonhos 2. Psicologia junguiana I. Título. II. Série.

21-83971                                                              CDD-155.937

#### Índices para catálogo sistemático:

1. Morte nos sonhos: Psicologia 155.937
Cibele Maria Dias – Bibliotecária – CRB-8/9427

Direitos de tradução para a língua portuguesa adquiridos com exclusividade pela
EDITORA PENSAMENTO-CULTRIX LTDA., que se reserva a
propriedade literária desta tradução.
Rua Dr. Mário Vicente, 368 – 04270-000 – São Paulo, SP – Fone: (11) 2066-9000
http://www.editoracultrix.com.br
E-mail: atendimento@editoracultrix.com.br
Foi feito o depósito legal.

# SUMÁRIO

**Prefácio**.................................................. 7

**Introdução**............................................. 11

1. O mistério do corpo morto e a tumba de Osíris............................................. 27

2. A vegetação: árvore, relva, grão e flor.......... 61

3. O primeiro casamento com a morte............ 87

4. A passagem escura para o nascimento e o espírito de desalento ............................ 111

5. Morte, o "outro" sinistro ou benévolo.......... 131

6. A passagem pelo fogo e pela água ............... 147

**7.** O sacrifício ou tratamento do corpo velho .............. 167

**8.** A oscilação da identidade do ego, as almas múltiplas
e sua fixação no fruto......................................... 191

**9.** A ressurreição final, reunião da psique com o corpo.... 211

**10.** O corpo sutil e suas variantes............................... 233

**11.** A nova hipótese de Jung ..................................... 247

**12.** Sumário...................................................... 267

**Notas** ........................................................ 271

**Bibliografia** ................................................. 299

# PREFÁCIO

*Os Sonhos e a Morte* é um livro verdadeiramente importante, seja por seu tema ou pelo modo como este é tratado.

Quando soube de sua existência e comecei a lê-lo, ouvi de um amigo que a leitura do livro o deprimia. Essa não foi absolutamente a minha experiência durante o longo contato que mantive com o texto para traduzi-lo. Muito pelo contrário: a reflexão sobre a relação entre o inconsciente e a morte, genialmente conduzida pela Dra. Von Franz segundo a mais clara tradição do pensamento junguiano e sem jamais perder de vista o fundamento empírico, é um manancial de inspirações para que se pense e repense a relação entre inconsciente e vida. Num aparente paradoxo, a autora nos leva a perceber que a janela que se abre para a compreensão da morte descortina, do lado de cá, uma visão cada vez mais profunda do fenômeno vida. Só a consciência de sua manifesta relatividade pode nos levar à reestruturação de valores e categorias que nosso tempo tão urgentemente reclama.

A maneira como a Dra. Von Franz interpreta os impressionantes sonhos apresentados neste livro é uma verdadeira escola para terapeutas de todas as linhas. E o exaustivo esforço intelectual que realizou é um exemplo do que eu denominaria a vanguarda da pesquisa na psicologia junguiana. Isto é, numa época em que o pensamento de Jung passa a ser disputado como base de legitimação para uma série de novos "ismos", a autora pauta-se pela *observação criteriosa da fenomenologia do inconsciente*. É dessa fonte que brota o conhecimento que realmente importa, gerador de novas hipóteses e de novas pesquisas. Era esse o tipo de conhecimento que interessava a Jung e que ele considerava necessário para o homem moderno, desorientado pela multiplicação caótica de informações cada vez mais especializadas. A teoria, nesse sentido, é apenas a formulação racional, embora transitória e jamais dogmática, de descobertas empiricamente fundamentadas. Note o leitor quantas vezes a autora usa as expressões "é como se", "parece que", "talvez" etc. Aí temos um belo exemplo de modéstia intelectual, resultante de uma aguda consciência de que "por toda parte estamos rodeados de mistérios racionalmente impenetráveis" (capítulo final). Note também o leitor que a linguagem utilizada neste livro, a despeito da complexidade do assunto, é uma linguagem comum que dispensa neologismos ou efeitos estéticos. Importante é o assunto, não o discurso.

Traduzi do inglês, com o consentimento da autora, que considera a tradução de Kennedy e Brooks absolutamente fiel ao original em alemão. Agradeço a Carlos Eugênio Marcondes de Moura pela leitura crítica do meu texto.

São Paulo, abril de 1990

ROBERTO GAMBINI

# INTRODUÇÃO

Em contraste com a maioria das publicações recentes sobre o tema da morte, o presente estudo não tem por objeto o *tratamento* de doentes terminais. Pelo contrário, seu assunto principal é aquilo que o inconsciente – o mundo dos instintos e dos sonhos – tem a dizer sobre o *fato* da iminência da morte. Como é de conhecimento geral, não podemos manipular os sonhos; eles são, por assim dizer, a voz da natureza dentro de nós. Eles nos mostram, portanto, a maneira pela qual a natureza, por seu intermédio, nos prepara para a morte. Essa abordagem, inevitavelmente, suscita questões a respeito da interpretação correta das imagens que os sonhos usam para se expressar. Como trataremos de estruturas humanas universais, lancei mão em especial de material etnológico e alquímico para amplificá-las e assim inserir os sonhos num contexto mais amplo. Além disso, a tradição alquímica contém muito mais material sobre a questão da morte do que, por exemplo, as doutrinas religiosas oficiais.

O presente estudo aborda quatro temas gerais: (1) experiências e sonhos atuais relativos à morte; (2) os conceitos básicos da psicologia junguiana que se aplicam à segunda metade da vida e à morte; (3) o simbolismo de morte e ressurreição na tradição alquímica ocidental. É com esses três assuntos que me sinto mais familiarizada. Também discutirei brevemente (4) certos aspectos da pesquisa parapsicológica.

Poder-se-ia perguntar – e certamente com razão – se é preciso acrescentar mais esta publicação às tantas já existentes sobre o assunto.[1] Lamentavelmente, são pouquíssimos os estudos atuais que levam em consideração ou ao menos mencionam as manifestações do inconsciente. Elizabeth Kübler-Ross,[2] que basicamente trata do desenvolvimento da personalidade diante da morte, descreve antes de tudo processos conscientes articuláveis e externamente observáveis. Os eventos que ocorrem nas profundezas do inconsciente ainda são muito pouco investigados. É verdade que os livros de Edgar Herzog e de Ingeborg Clarus, respectivamente *Psyche and Death* e *Du stirbst, damit du lebst,* lidam com o tema da morte a partir da psicologia de C. G. Jung, mas ambos enfocam basicamente o processo de "morrer e tornar-se" que ocorre nas várias etapas da individuação durante a vida, e não os sonhos de pessoas próximas de seu fim. As exceções são o trabalho de Barbara Hannah, que trata desse último aspecto em seu ensaio "Regression oder Erneuerung im Alter" (Regressão ou renovação na velhice), e o de Edward Edinger, que em seu livro *Ego and Archetype** estuda uma impressionante série de doze sonhos de um paciente terminal, apresentando uma excelente interpretação. A inegável relação das imagens desses sonhos com outras da tradição alquímica é muito bem notada e enfatizada em seu livro. O valioso trabalho de Jane Wheelwright em *Death of a Woman* também deve ser mencionado, pois esse livro reconstitui a análise completa de uma jovem que está para morrer.

Há referências ocasionais a sonhos nos trabalhos de Mark Pelgrin, *And a Time to Die*, e no de Millie Kelly Fortier, *Dreams and Preparation for Death*, que usei bastante. Além disso, em sua dissertação intitulada *The Psychodynamics of the Dying Process*, David Eldred coletou e analisou com extrema acuidade as pinturas feitas por uma mulher suíça de pouca instrução que morria de câncer. Quase todos os temas discutidos em nosso trabalho aparecem naquelas pinturas, pois tudo indica que certas estruturas arquetípicas básicas existentes nas profundezas da alma costumam aflorar durante o processo de morte. Farei frequentes referências a esse estudo de Eldred.

Até certo ponto, compararei temas de sonhos às momentâneas "experiências de iminência da morte" relatadas na vasta

---

* *Ego e Arquétipo*. 2. ed. São Paulo: Cultrix, 2020.

literatura atual nessa área. O assunto e a forma como é expresso podem não diferir em essência das imagens que aparecem nas experiências de morte, mas os sonhos são muito mais ricos e mais sutis. Comparadas aos sonhos, as experiências de morte iminente parecem esquemáticas e mais determinadas cultural-mente. Parece-me que na verdade as pessoas vivenciam algo inexprimível nas experiências de morte, que subsequentemente elaboram a partir de imagens culturais específicas. Os sonhos, por sua vez, são mais plásticos e detalhados.

A análise de pessoas idosas revela uma grande abundância de símbolos oníricos, cuja função é prepará-las psiquicamente para a morte iminente. Como Jung enfatizou, a psique inconsciente não presta muita atenção ao término abrupto da vida do corpo e se comporta como se a vida psíquica do indivíduo, isto é, o processo de individuação, simplesmente continuasse. No entanto, há sonhos que, de maneira simbólica, indicam o fim da vida cor-poral e a continuação explícita da vida psíquica após a morte. O inconsciente obviamente "acredita" nessa possibilidade.

Os céticos naturalmente dirão que esses não passam de sonhos que realizam um desejo. Em resposta, pode-se dizer que a teoria de que os sonhos refletem apenas desejos inconscientes[3] absolutamente não corresponde à experiência geral. Pelo con-trário, como Jung demonstrou, com muito mais frequência os sonhos retratam um "evento natural" psíquico completamente objetivo, não influenciado pelos desejos do ego. Quando uma pessoa alimenta ilusões sobre sua morte iminente ou não tem consciência de que ela se aproxima, seus sonhos podem mesmo indicar tal fato brutal e impiedosamente, apresentando temas como, por exemplo, o do relógio que parou e não pode mais andar, ou o da árvore da vida derrubada ao chão.

Às vezes a morte é retratada de modo ainda mais explícito. Uma colega minha fez o acompanhamento de uma jovem que sofria de câncer generalizado. Quando o cérebro foi atingido, ela entrou num estado de inconsciência quase total. A analista continuou a visitá-la, silenciosamente sentada junto à sua cabeceira. Vinte e quatro horas antes de morrer, a paciente subitamente abriu os olhos e contou o seguinte sonho:

> Estou de pé ao lado de minha cama aqui no quarto do hospital e me sinto forte e cheia de saúde. A luz do sol entra pela janela. O médico está a meu lado e diz: "Muito bem, você está completamente curada. Surpreendente! Pode se vestir e ir embora". Nesse instante eu olho para trás e vejo meu próprio corpo morto na cama.

A reconfortante mensagem do inconsciente – de que a morte é uma "cura" e de que há vida após a morte – não pode obviamente ser aqui interpretada como realização de um desejo, pois ao mesmo tempo o sonho prediz, de forma brutal e inequívoca, o término da existência física.

No decorrer deste estudo, serão relatados outros sonhos que, como esse, claramente indicam o fim da vida corpórea, ao mesmo tempo que sugerem uma vida após a morte. A esse propósito, Jung observa ser de suma importância para o idoso familiarizar-se com a possibilidade de morte:

Uma questão categórica lhe é colocada, e ele é obrigado a respondê-la. Para bem poder fazê-lo, ele precisa de um mito da morte, pois a razão só lhe mostra o negro abismo no qual está caindo. O mito, porém, pode lhe evocar outras imagens, representações úteis e enriquecedoras da vida na terra dos mortos. Se acreditar nelas, ou se lhes der algum crédito, não estará nem mais certo nem mais errado do que aquele que não crê. Mas ao passo que o desesperado caminha rumo ao nada, aquele que deposita sua fé no arquétipo segue o trilho da vida e vive por inteiro até morrer. Ambos, é claro, continuam na incerteza, mas um vive contra seus instintos e o outro, não.[4]

No decorrer deste livro, serão comentados e amplificados sonhos arquetípicos sobre a morte, em boa parte por meio do simbolismo contido no ritual fúnebre dos antigos egípcios e na alquimia – pois há uma grande lacuna, no nível oficial e no coletivo, no conceito cristão de sobrevivência após a morte. O Cristianismo prega a imortalidade da alma e a ressurreição do corpo; mas esta supostamente ocorre de modo abrupto no fim do mundo, em consequência de um ato de graça divina, por meio do qual o antigo corpo é de algum modo reproduzido. Trata-se de um mistério no qual se deve "acreditar". Não há indicação alguma de "como" exatamente o milagre ocorrerá.

Em seu afã de apresentar o Cristianismo como algo novo e preferível a outras religiões contemporâneas, a maioria dos teólogos[5] procura enfatizar o aspecto histórico *concreto* não só da vida como da ressurreição de Jesus. Eles negam qualquer conexão possível com deuses da natureza na Antiguidade que também morriam e renasciam, como Átis, Adônis e Osíris, criticando as religiões pagãs em termos de falta de clareza, incerteza e assim por diante. Friedrich Nötscher, por exemplo, ressalta a vagueza das ideias egípcias sobre a vida após a morte e deprecia vários conceitos do Velho Testamento, chegando a reduzi-los a meras figuras retóricas.[6] Atitudes como essa produzem um grande *empobrecimento simbólico*. As religiões não bíblicas da Antiguidade certamente podem conter pontos vagos e aparentes contradições, mas elas têm o mérito de evocar um rico mundo simbólico de representações relativas à morte, à ressurreição e à vida após a morte – imagens arquetípicas que a alma do homem contemporâneo também produz de maneira espontânea. Existe ainda outra diferença entre esses produtos espontâneos do inconsciente e a doutrina cristã oficial. Nesta, o homem permanece completamente passivo em face do evento da ressurreição: um simples ato de graça divina lhe restitui o corpo. Na tradição alquímica, porém, o adepto que se dedica à *opus* (que reconhecidamente só pode dar certo por meio da graça de Deus) cria em vida seu próprio corpo ressurrecto. Certos métodos orientais de meditação – assim se supõe – podem igualmente ajudar na criação de um "corpo de diamante" que sobrevive à morte física.

Atualmente, porém, muitos teólogos das duas correntes cristãs abandonaram a visão concretista de épocas anteriores. Para estes, a ressurreição tornou-se uma "antecipação imanente"; quer dizer, como o tempo linear e histórico termina com a morte, pode-se entender que o "Julgamento" ou "Juízo Final" (segundo Boros) ocorre logo após a morte.[7] Ou então, como diz Karl Rahner, depois de morto, o homem torna-se "cósmico" e integra-se na *prima materia* concreta e ontológica do universo, onde encontra Cristo, o "Senhor do Mundo".[8] Nessas concepções, a ressurreição já não é mais vista como recriação do antigo corpo, mas como uma existência prolongada do indivíduo num corpo espiritualizado ou numa espécie de "matéria internalizada".[9] Esse processo de interiorização da matéria ou do mundo é simplesmente postulado. Em contraste, os antigos alquimistas tentavam de fato penetrar *de maneira empírica* no segredo da vida após a morte, criando símbolos míticos surpreendentemente análogos aos sonhos – produtos inconscientes espontâneos – do homem moderno.

Em sua introdução a *Psicologia e Alquimia*, Jung mostra como o desenvolvimento de certos temas no simbolismo alquímico compensa a orientação espiritual demasiado unilateral do Cristianismo:

A alquimia é como uma corrente subterrânea que acompanha o Cristianismo que impera na superfície. Ela está para essa superfície assim como o sonho está para a consciência, e do mesmo modo que o sonho compensa os conflitos da mente consciente, a alquimia procura preencher as lacunas resultantes da tensão de opostos no interior do Cristianismo. [...] A guinada histórica em direção ao masculino na consciência mundial é compensada pela feminilidade ctônica do inconsciente. Em certas religiões pré--cristãs, o princípio masculino já havia se diferenciado na especificação pai-filho, mudança esta que seria da maior importância para o Cristianismo. Se o inconsciente fosse apenas complementar, essa mudança da consciência teria sido acompanhada pela produção de um par mãe-filha, para o que já havia material disponível no mito de Deméter e Perséfone. Mas, como demonstra a alquimia, o inconsciente escolheu o tipo Cibele-Átis sob a forma de *prima materia* e *filius macrocosmi*, comprovando assim não ser complementar, mas compensatório.[10]

Esse processo de compensação também tende a se manifestar no contexto de nossa atual incerteza a respeito da morte, pois o Cristianismo, com sua ênfase central no espírito, deu pouca atenção ao destino do corpo morto e simplesmente estabeleceu, de modo dogmático, que por milagre Deus acabará reproduzindo o corpo no fim do mundo. Mas, como veremos no material apresentado no capítulo primeiro, em muitas culturas o homem arcaico e pagão refletiu intensamente sobre o significado do corpo e sua decomposição na morte, admitindo a existência de um "mistério" imanente ao corpo, mistério esse associado ao destino pós-morte da alma. Os alquimistas também achavam que esse "mistério" estava presente em sua *prima materia*, ou num "corpo sutil", que tinham mais interesse em explorar do que a matéria inorgânica e perceptível. Eles pensavam que o elixir da vida e o segredo da imortalidade estavam de algum modo escondidos nesse "corpo sutil", que tentavam destilar a partir de substâncias materiais tangíveis.

As pesquisas de Henri Corbin indicam que no Islã prevalece uma situação análoga à do Cristianismo. A pobreza da ideia de ressurreição dos sunitas é compensada pelo rico simbolismo de certos místicos xiitas, que em sua maior parte revela conexões históricas com a alquimia greco-egípcia e com a Gnose.

Como os sonhos de pessoas próximas da morte contêm temas que se assemelham a esses símbolos alquímico-místicos, parece-me importante levá-los em consideração para que possamos observar diretamente as imagens psíquicas mais naturais do processo de morte e de vida após a morte, imagens espontâneas que ainda não foram conscientemente erigidas em dogma.

O interesse do alquimista pelo problema do "corpo sutil" está fundamentalmente ligado, como veremos, a antigos rituais religiosos de mumificação praticados pelos egípcios, bem como à liturgia aplicada aos mortos. Pois sempre que o homem se confronta com algo misterioso ou desconhecido (como, por exemplo, a questão da origem do universo ou o enigma do nascimento), o inconsciente produz modelos simbólicos e míticos, isto é, arquetípicos, que aparecem projetados no vazio. O mesmo se aplica, é claro, aos mistérios da morte. Esses símbolos – que devem ser compreendidos enquanto tal e não como afirmações concretas – é que serão considerados neste estudo.

No decorrer deste trabalho, ficará claro que quase todos os símbolos que aparecem em sonhos de morte são imagens que também se manifestam no processo de individuação – especialmente na segunda metade da vida. Como observou Edinger, é como se esse processo, se não vivenciado conscientemente durante a vida, fosse percebido de chofre devido à pressão exercida pela aproximação da morte.[11] *Os sonhos de individuação, em princípio, não diferem em seu simbolismo arquetípico dos sonhos de morte.*

Em seu excelente ensaio "Im Zeichen des grossen Uebergangs" (Sob o signo da grande passagem), Detlef Ingo Lauf também ressaltou essa similaridade entre o simbolismo de individuação e descrições míticas da vida após a morte. Além disso, esse autor demonstrou que os mesmos arquétipos – as estruturas básicas da psique que reiteradamente levam a concepções simbólicas similares – parecem operar de modo incessante. Cita ele, em especial, as seguintes estruturas: a separação dos elementos, em analogia aos mitos de criação; o tema da grande passagem ou aventura; a travessia da água ou de uma ponte, com um ou dois acompanhantes; a restauração do morto num corpo anímico ou glorificado; a pesagem ou julgamento da alma; o retorno a outra esfera de existência; e finalmente (embora nem em todos os sistemas), a reencarnação. Como veremos, há ainda outros temas, que podem aparecer em diferentes sequências – o que, em princípio, não tem maior importância.

Além das três áreas de investigação mencionadas acima – psicologia profunda, sonhos e simbolismo alquímico – encontramos uma quarta área, problemática, como era de se esperar: até que ponto levar em consideração o espiritismo, a pesquisa parapsicológica e a física nuclear moderna (na medida em que trata da parapsicologia e da psicologia profunda). Para mim, a mistura de realidade e fantasia que caracteriza o espiritismo é muito difícil de deslindar. Esse aspecto tem sido desanimador, muito embora eu não duvide do caráter genuíno de certos fenômenos parapsicológicos. Por essa razão, limitei-me a referências ocasionais ao *simbolismo arquetípico* desses fenômenos,[12] sem entrar na questão de sua "realidade". Pois a única certeza é que a maioria dos eventos parapsicológicos segue certos padrões arquetípicos, que podem ser compreendidos e interpretados psicologicamente. Não posso concluir, no entanto, se são realmente os mortos que se manifestam nas sessões espíritas, ou apenas os complexos dos participantes ou os conteúdos ativados do inconsciente coletivo (o que, de qualquer forma, é muito frequente).

Emil Mattiesen, em seu extenso trabalho *Das persönliche Ueberleben des Todes* (A sobrevivência pessoal à morte), tentou descartar definitivamente a interpretação animista dos fenômenos parapsicológicos (isto é, a interpretação dos espíritos como egos dissociados inconscientes, ou, na terminologia atual, complexos autônomos dos participantes da sessão mediúnica). O conhecimento que hoje temos do inconsciente, especialmente o inconsciente coletivo, não existia na época de Mattiesen, de modo que em parte seus argumentos perderam a validade. Pois agora sabemos que no inconsciente há um "conhecimento", que Jung denominou "conhecimento absoluto".[13] Isto é, o inconsciente pode conhecer coisas que não podemos conhecer conscientemente, de forma que todas as provas ou declarações de identidade dos "espíritos" nas sessões mediúnicas poderiam igualmente ser explicadas como manifestações do inconsciente grupal dos participantes, e não como comunicações genuínas dos mortos. Só os fenômenos de materialização é que não seriam diretamente afetados por esse argumento. Não obstante, "acredito" que os mortos ocasionalmente se manifestem em eventos parapsicológicos, embora no momento isso não me pareça poder ser provado de modo inequívoco.

Situação análoga ocorre quando se interpreta sonhos em que alguém já morto aparece para um vivo. Relatarei alguns desses sonhos nos capítulos seguintes e interpretá-los-ei como se, no plano objetivo, se referissem à vida póstuma da pessoa falecida (e não à vida de quem sonhou). Eu própria tive alguns sonhos que Jung interpretou dessa forma, o que na época muito me surpreendia. Ele não explicava a razão pela qual entendia precisamente aqueles sonhos no nível objetivo; seu hábito era interpretar imagens desse tipo no plano subjetivo, ou seja, como símbolos de conteúdos psíquicos pertencentes à pessoa que sonhou. Certa vez, uma colega analista me pediu para estudar os sonhos de uma paciente sua, uma jovem que havia perdido o noivo, um piloto, num acidente de aviação. Ela sonhava com ele quase todas as noites e tanto eu como sua analista de início interpretamos essa figura onírica como sendo a imagem de seu próprio animus, que ela projetava sobre o noivo. O inconsciente parecia sugerir que ela retirasse essa projeção para assim gradualmente curar-se da "perda de alma" que sofrera devido à morte do noivo – ou seja, ela devia cortar seu vínculo com os mortos. Mas havia seis sonhos que por alguma razão eu não conseguia interpretar dessa forma. Eu disse então à analista que *naqueles* sonhos o piloto era o próprio falecido. Minha colega, que tinha uma inclinação bastante racional, ficou indignada, marcou uma consulta com Jung e apresentou a ele a série de sonhos. Sem hesitar, e sem saber o que eu havia dito, Jung separou os mesmos seis sonhos e os interpretou no nível objetivo.

Parece-me que se pode "sentir" se a figura de uma pessoa já falecida num sonho está sendo usada como símbolo de alguma realidade interior ou se "realmente" representa o morto. Mas é difícil estabelecer critérios universalmente válidos para esse "sentir". O que se pode dizer é que, se a interpretação no plano subjetivo faz pouco ou nenhum sentido, ainda que o sonho tenha um efeito numinoso especialmente forte, então deve-se tentar uma interpretação no nível objetivo. Esta é uma área ainda aberta para investigação, uma vez que atualmente questões desse tipo só podem ser respondidas de modo hipotético.

Nessa quarta área problemática, defrontamo-nos igualmente com a questão de saber se existe ou não um "corpo sutil" e se há uma conexão de continuidade entre psique e corpo, objetos, respectivamente, da psicologia profunda e da física nuclear contemporânea. Sejam quais forem as hipóteses de que dispomos hoje, achei que essas questões deveriam ser abordadas no final deste volume. O leitor que não se interessar pode deixá-las de lado. Para mim elas são de grande importância porque, em última análise, tratam de ideias que fazem parte da tradição alquímica, ou seja, a busca de um ponto de vista universal que encare psique e matéria como realidade *una* e a morte como separação apenas parcial entre "matéria" e "psique". A morte seria então, em essência, uma transformação psicofísica.

Finalmente, deve-se lembrar de que muita gente, a partir da meia-idade, começa a sonhar com a morte. Sonhos desse tipo não querem dizer que a morte esteja próxima, devendo antes ser entendidos como *memento mori*. Em geral, eles ocorrem quando o ego retém uma atitude demasiado jovial frente à vida, incitando quem sonhou a meditar. Neste estudo, só foram incluídos sonhos aos quais de fato seguiu-se a morte.

# Capítulo 1

# O MISTÉRIO DO CORPO MORTO E A TUMBA DE OSÍRIS

A grande dificuldade que temos em imaginar nossa própria vida após a morte, ou a dos que já se foram, pode ser explicada pelo fato de que, enquanto vivos, nos identificamos quase que totalmente com o corpo. Nosso senso de identidade prende-se ao corpo. Esse tipo de vivência tem uma longa tradição histórica e aparentemente sempre foi problemática para o homem.

Como veremos a seguir em estudos de etnologia comparada relativos a várias culturas,[1] sempre foi difícil para o homem liberar-se da ideia de que o morto é idêntico ao seu corpo. Consequentemente, a etnologia trata do tema do "cadáver vivo", pois o corpo morto era inicialmente considerado como um ser vivo. Em muitas culturas, como, por exemplo, entre os povos indo-germânicos, o cadáver era conservado em casa até um mês ou mais após o falecimento.[2] Para possibilitar tal prática, o corpo era temporariamente embalsamado.[3] Os sobreviventes comiam, bebiam e brincavam em sua presença.[4] Em outras culturas, o corpo era depositado na moradia ou numa cova rasa por perto até que começasse a se decompor, ou até que só restassem os ossos, e só então era enterrado em solo mais profundo.[5] Acreditava-se que a alma do corpo continuava a viver nos arredores. Alguns povos acreditam que durante esse período o morto, como íncubo ou súcubo, pode mesmo ter relações sexuais com o parceiro sobrevivente.[6] Mesmo nas culturas em que predomina a ideia de migração dos mortos para um Além, subsistem costumes nos quais o cadáver é encarado como representante do falecido.[7] Esse aspecto é bastante perceptível no assim chamado costume de "alimentar os mortos", difundido entre quase todos os povos e até certo ponto ainda atual. Em muitas regiões, um tubo é enfiado na sepultura para que o corpo possa receber oferendas sob a forma líquida;[8] ou, então, um orifício é deixado aberto junto ao local onde se encontra o crânio para que o corpo possa "respirar". Acredita-se que o morto come as oferendas e que os alimentos depositados no túmulo ou no repasto fúnebre de fato diminuem.

Essa concepção foi aos poucos se "espiritualizando", na medida em que se passou a acreditar que o morto se alimentava apenas do "aroma" ou "vapor" das oferendas e não das comidas em si. Há também uma crença chinesa, segundo a qual basta desenhar num papel as coisas necessárias aos mortos no Além e então queimá-lo para que a imagem de tais itens chegue lá, levada pela fumaça. Em muitos lugares, o cadáver passou a ser representado, durante as cerimônias fúnebres, por alguém vestido com as roupas do falecido. O corpo foi assim deixando de representar a pessoa do morto.

Há povos que fazem um boneco, uma imagem ou objeto simbólico, que funciona como substituto do cadáver. Os goldis siberianos, por exemplo, estendem um pano sobre o leito do defunto, colocam um travesseiro decorado com mandalas e na frente uma efígie de Ayami-Fonyalko, o espírito tutelar dos mortos, com um cachimbo aceso na boca. As oferendas ao morto são então depositadas diante dessa imagem. Houve época em que os chineses usavam um boneco desses para o mesmo fim, confeccionado com vestes íntimas e denominado Moon-Go, acreditando que o espírito do morto estava presente nessa figura e não mais no cadáver.[9] Os coreanos, ainda hoje, bem como os tibetanos, às vezes criam simulacros desse tipo. Os japoneses confeccionam o *tamashiro*, um receptáculo no qual é transportada a alma do extinto no ritual fúnebre. Na China, as plaquetas com inscrições dos ancestrais prestavam-se ao mesmo fim,[10] assim como a estátua do morto que os antigos egípcios erigiam no *serdab* (uma câmara no interior da *mastaba* ou tumba).

Estudando costumes desse tipo, percebe-se que a primitiva identificação do morto com o cadáver foi se dissolvendo na medida em que este passou a distinguir-se de algum símbolo de "identidade concreta" (o receptáculo). Mas o falecido obviamente precisava ter um "corpo" para não se perder no espaço e conservar um *pied-à-terre* caso desejasse visitar a família.

Não só eram os mortos, até bem depois de seu desaparecimento, identificados com o cadáver, como frequentemente não se podia diferenciar o paradeiro do falecido e o do corpo enterrado. A difundida noção de que a terra dos mortos é cheia de pó e vermes, viscosa e escura, revela uma incapacidade de separar a ideia que se faz da pessoa morta daquilo que acontece com o corpo. O Sheol, a morada dos mortos do Velho Testamento, é em parte idêntica à sepultura onde jaz o falecido. Hel, o mundo dos mortos dos teutônicos, o Mictlán dos astecas e o lúgubre Hades dos gregos, para mencionar apenas alguns casos, caracterizam-se também por esse tipo de ambientação.

Posteriormente surgiu, em culturas avançadas, uma tendência a dividir em dois ou mais planos a ideia que o homem tem do Além. As pessoas comuns, as más e as que perderam a vida de certo modo específico vão para um lugar sombrio desse tipo, ao passo que certos indivíduos, depois da morte, chegam a um Além extremamente agradável situado nas alturas. No escuro Hades dos gregos modernos, por exemplo, não há médicos, sacerdotes ou santos, assim como os gregos antigos acreditavam que os iniciados nos mistérios órficos ou eleusíneos iam não para o Hades, mas para um glorioso Elíseo ou para as "Ilhas dos bem-aventurados". Entre os povos germânicos, os guerreiros caídos não iam para o Inferno, mas para Valhalla. Os guerreiros e as mulheres astecas que morriam no parto não iam para o tenebroso Mictlán, mas acompanhavam o sol pelo céu. Há ainda outro lugar especial no Além dos astecas para os afogados, os eletrocutados por raios, os leprosos, os vitimados por doenças venéreas ou pela febre. Todos esses iam para o verdejante Paraíso de Tlaloc, deus da chuva.[11]

Às vezes essa bipartição ou multissecção do Além não se destina a tipos específicos de pessoas, mas a diferentes partes da alma de uma mesma pessoa. Segundo uma antiga concepção chinesa, por exemplo, a alma *hun* (o elemento masculino e espiritual, ou *yang*) se separa da alma *p'o* (o lado feminino e passivo, ou *yin*) por ocasião da morte. A parte *yang* da alma, ou *hun*, ascende e se move para o Leste, enquanto a porção *yin* ou *p'o* penetra a terra em direção ao Oeste. Mais tarde essas duas metades se reúnem em sagrado matrimônio nas "Fontes Amarelas".

Segundo uma antiga concepção egípcia, uma parte da alma do extinto, sua *ba*, com forma de estrela ou pássaro, desloca-se pelo espaço no rastro da barca do deus-sol através dos céus, enquanto a *ka*, espécie de *doppelgänger* ou alma vital, é confinada no submundo juntamente com o corpo morto.

Em outras culturas, da mesma forma, concebe-se a existência de várias "almas", entendidas como diferentes aspectos psicológicos de uma mesma pessoa. No Hinduísmo, por exemplo, o homem consiste em um *atman* eterno e divino, que se liga ao *ahamkara* (o ego cotidiano). Juntos eles formam o *jivan*, o indivíduo, que atravessa intacto várias encarnações, enquanto o *ahamkara* se altera conforme as ações e os pensamentos de sua existência anterior.

Quando alcança o nível *buddhi* (consciência discriminante), o *jivan* atinge o nirvana e livra-se do ciclo de vida e morte.[12] Portanto, o ego *ahamkara*, em sua vida terrena, é mais uma tendência concreta em constante mudança. O Self *atman*, por outro lado, é algo permanente. Em princípio, porém, eles ficam juntos como *jivan*-pessoa.

A despeito de todas essas diferenças culturais – que não devem ser relegadas a segundo plano – uma espécie de dualismo começa a aparecer na compreensão do destino dos mortos, uma polaridade entre a ideia de uma esfera espiritual, de um lado, livre da matéria e próxima a Deus, na qual flutua a "alma" liberada, e, de outro, a noção de uma dimensão mais ligada à matéria, em que o ciclo de vida e morte se repete e que deve reunir-se (*numa fase posterior, após a morte*) *ao lado espiritual livre*, como, por exemplo, *hun* e *p'o* na China, ou *ba* e *ka* no Egito. Onde quer que impere a ideia oriental de reencarnação, adota-se como objetivo último a união de *atman* e *ahamkara*; entretanto, espera-se que no fim resulte uma libertação total das tendências kármicas terrenas de *ahamkara*, de modo que mesmo na reencarnação a dualidade finalmente se extingue.

Se quisermos escolher conceitos psicológicos contemporâneos que correspondam a essas duas dimensões da alma, será preciso cuidado para não equacionar mecanicamente a alma superior e livre com a consciência e a inferior, "kármica", terrena ou corpórea com o inconsciente. Cada uma, na verdade, parece corresponder a diferentes tendências do núcleo primário, daquela totalidade que Jung denomina Self. A alma *hun* dos chineses, a *ba* dos egípcios, o *jivan* dos hindus etc., parecem corresponder a uma propensão a tornar-se consciente, a despertar, a desligar-se do "mundo", a aproximar-se de Deus; por outro lado, *p'o*, as forças kármicas, a alma *ka* etc., tendem a um renascimento nesta vida ou a causar um certo efeito nos descendentes ou sobre a fertilidade da terra. Parece-me que uma avaliação moral dessas duas tendências, em termos de superior e inferior, é mais uma questão cultural. Por exemplo, segundo a concepção hindu e tibetana, o retorno à vida por meio da reencarnação deve ser evitado, ao passo que para muitos outros povos integrados à natureza tal retorno parece ser o alvo por excelência dos mortos. O ritual fúnebre dos maias, de caráter xamanístico, parece ser, na medida de nossa atual compreensão dos textos, destinado a preparar um caminho de volta para as almas renascerem dentro da tribo. Para esse povo, as almas dos mortos garantem a fertilidade das plantas e dos animais. Essa é uma crença que encontramos em muitas outras culturas. O objetivo não é ascender até um divino Além espiritual, mas intensificar a obra da fertilidade nesta vida, até mesmo pelo retorno através da reencarnação.

Uma polaridade adicional aparece na antiga controvérsia cristã sobre o dogma da ressurreição: de um lado, a ideia de um *novo* corpo espiritual ressuscitado e, de outro, a de ressurgimento do *velho* corpo material. Do ponto de vista paulino, na ressurreição o morto adquire um corpo "pneumático", ele ressuscita "em Cristo" e a questão da restauração do corpo velho não é mencionada em termos específicos. Essa é ainda, em boa medida, a concepção da igreja ortodoxa. Tendo por base os evangelhos sinópticos, a igreja romana manteve-se essencialmente fiel à ideia do velho corpo do "cadáver", já que o homem, formado de espírito, alma e corpo, é uma totalidade e, portanto, deve ressuscitar por inteiro, como fora antes.

Um dos principais defensores desse ponto de vista é Tertuliano (primeira metade do século III), que em sua obra *De Carnis Resurrectione*[13] sustenta que todos ressuscitarão fisicamente "*com o mesmo corpo*" (*Resurget igitur caro, et quidem omnis, et quidem ipsa, et quidem integra*). Essa concepção predominou por vários séculos na igreja romana, como atesta o *Symbolum Quicumque Niceatanum*.[14] A forma concreta que esse ponto de vista assumiu durante a Idade Média pode ser percebida, por exemplo, na séria controvérsia sobre estar ou não Cristo circuncidado depois da ressurreição, ou em discussões a respeito da idade do corpo ressuscitado e a questão de saber se ele conservaria suas antigas imperfeições ou seria "curado".

Deixando de lado o concretismo dessas concepções, que hoje obviamente nos parecem implausíveis, podemos compreender esse apego à ideia de corpo velho como uma tentativa de preservar a *individualidade total* dos mortos, sua absoluta "mesmice", que durante a vida era automaticamente identificada com o corpo. *O mistério da personalidade indivisível era obviamente projetado sobre o corpo.*

Ora, nosso ego consciente não é em absoluto apenas pessoal, embora assim nos pareça quando dizemos "eu" (em geral indicando o corpo). Vários impulsos, ideias, concepções, ações objetivas e voluntárias do ego são completamente coletivos, ou seja, são semelhantes, se não idênticos, aos de outras pessoas. O mesmo vale para a metade inconsciente da psique: só uma parte de suas manifestações (sonhos etc.) refere-se a experiências individuais (parte essa denominada por Jung inconsciente pessoal). Há muitas outras coisas que brotam do inconsciente coletivo e que não podem ser atribuídas ao indivíduo. Até mesmo aquilo que nos é mais íntimo, que *experimentamos* como "eu", como "minha" individualidade, é na verdade algo multifacetado, impossível de ser exaustivamente descrito de modo racional. A percepção mais consciente desses diferentes níveis, num desenvolvimento gradual que atravessa vários estágios, é o que Jung denominou processo de individuação. Somente quando uma pessoa sabe em que medida ela é um "ser humano" infinitamente reprodutível no sentido coletivo e até que ponto é limitada enquanto indivíduo é que se pode dizer que se tornou consciente.

Nos primórdios da tradição ocidental cristã, que se apoiava na ideia de ressurreição do "corpo velho", apegando-se, por assim dizer, aos cadáveres, pode-se detectar, por um lado, uma fixação primitiva naquele estado psíquico original no qual a pessoa não consegue se libertar da ideia de que o cadáver ainda é a pessoa morta. Por outro lado, parece-me, como já mencionado, que aí se oculta a ideia germinal de que o homem é um ser indivisível destinado a sobreviver como um todo. Na verdade, são poucas hoje em dia as pessoas que ainda acreditam numa reprodução concreta do antigo corpo.[15]

O absurdo dessa concepção desapareceria porém se abandonássemos, como recomenda Jung, a dimensão "físico-concreta", isto é, material, postura esta aplicável a todas as formulações religiosas. Jung diz o seguinte:

> "Físico" não é o único critério da verdade: há também verdades *psíquicas* que não se pode explicar, provar ou contestar de forma física. Se, por exemplo, houvesse uma crença geral de que em outros tempos o Reno corria da foz para a nascente, essa crença em si mesma seria um fato, muito embora tal afirmação, tomada em sentido físico, não pudesse ser aceita. Crenças desse tipo são fatos psíquicos que não podem ser contestados nem precisam ser provados.
>
> *As declarações religiosas são desse tipo.* Elas se referem, *sem exceção, a coisas que não podem ser estabelecidas como fatos físicos...* Não fazem o menor sentido se referidas à dimensão física... Seriam milagres, enquanto tais sujeitos à dúvida, e no entanto incapazes de demonstrar a realidade do espírito ou do *sentido* a elas subjacente.
>
> O fato de comumente estarem as asserções religiosas em conflito com os fenômenos físicos observáveis *comprova que, em contraste com a percepção física, o espírito é autônomo*, e que a experiência psíquica até certo ponto independe de dados físicos. *A psique é um fator autônomo* e as declarações religiosas

são confissões psíquicas em última instância baseadas em processos inconscientes, isto é, transcendentais.[16]

Evidentemente, as declarações relativas à ressurreição do corpo também devem ser tomadas nesse sentido e não como algo de mera natureza material. Uma concepção da ressurreição que muito se aproxima da interpretação simbólica de Jung é a de Orígenes,[17] que se refere aos que acreditam numa ressurreição concreta do antigo corpo como *simplices* ou *rusticos* (iletrados).[18] Mas ele também critica a visão docética, segundo a qual Cristo ressuscitado possuía apenas um corpo ilusório (*phantasma*). A ideia proposta por ele é a de que nem a matéria e nem a forma do corpo ressuscitado serão as mesmas do antigo corpo, mas que mesmo assim existe, *de um para outro, uma continuidade real de individualidade.* Assim como o logos de uma árvore (seu "princí-pio") se oculta na semente, a semente do corpo ressuscitado se oculta no antigo corpo. Essa semente é *virtus, dynamis*, é um germe ou princípio germinal que Orígenes caracteriza como *spintherismos*, isto é, "emissão de centelhas". Esse princípio ger-minal invisível oculto na "semente" visível tem substância e é a fonte da ressurreição do corpo. É um canteiro (*seminarium*) dos mortos, o solo do qual ressurgirão. No entanto, o corpo renas-cido que dele brotará já não será mais de uma tosca natureza material, mas espiritual, divina mesmo. Será invisível aos olhos que temos e não poderá ser tocado por nossas mãos. "Nesse corpo espiritual o todo de nós verá, o todo ouvirá, o todo servirá de mãos, e de pés."[19] Embora declare o Evangelho que Jesus apareceu sob forma visível para seus discípulos em Emaús, e para o incrédulo Tomás até mesmo sob forma tangível, fica sugerido que Ele o fez para fortalecer a sua fé.

Essa concepção marcadamente psicológica de Orígenes se aproxima da posição defendida por muitos dos gnósticos (seus "inimigos"), mas no Ocidente esse ponto de vista não recebeu aceitação geral. Santo Agostinho, o patriarca da Igreja, optou pela interpretação concretista, e na época de Gregório, o Grande, no final do século VI, a visão tomista já era quase que unanimemente aceita. Só em tempos mais recentes é que reapareceu uma interpretação próxima da concepção espiritual de Orígenes.[20]

De um ponto de vista psicológico, fica-se menos surpreso com a interpretação de Orígenes sobre a ressurreição do que com a persistente adesão da Igreja ocidental ao credo concretista. A razão disso, quero crer, encontra-se na suposição de que o corpo concreto contém um segredo que não se deve abandonar, ou seja, o segredo do princípio de individuação. Em seu tempo, Orígenes reconheceu que isso estava "no corpo", mas não era o próprio corpo. Ele ensinava em Alexandria, no Egito, o que nesse contexto é importante, pois os antigos egípcios eram tão fascinados pelo cadáver que a ele se referiam como "este segredo". O *Livro de Am-Tuat* dos egípcios (Livro do Outro Mundo), que descreve o "lugar oculto" no mundo dos mortos, contém a seguinte passagem, parte de uma descrição de quatro tumbas retangulares de deuses, encimadas por cabeças: "Essas são as misteriosas figuras

**Fig. 1** – A luz e o mundo subterrâneo. Acima: o deus da terra Aker, representado como esfinge dupla, carrega a barca do sol, com o deus-sol Ré no meio. Abaixo: a múmia sob um grande disco solar.

de Dat (submundo), as 'caixas' da terra, as cabeças dos mistérios. [...] O Senhor do Cetro Uas e 'ela que tem o coração' são os guardiães dessas misteriosas imagens".[21] No *Livro do Inferno* há uma descrição da "caixa" (caixão) de Osíris; ele também é protegido por deuses que, como dito, guardam seu "mistério" ou, como observa Erik Hornung, seu cadáver. "Vós sois esses deuses que guardam o que pertence a Dat, o grande mistério dos que moram no Ocidente (Osíris). [...] Eu vos dou graças quando vos curvais perante vosso mistério e (sobre) o corpo do Senhor de

Dat."[22] O deus-sol Ré, quando atravessa o mundo subterrâneo, dirige-se a um conjunto de sarcófagos com as seguintes palavras: "Ó imagens de deuses no sarcófago. [...] Ó cadáver, mais potente que a magia. [...] Ó vós que ocultais os cadáveres dos deuses, que ocultais o corpo em que NN[23] se transformou".[24] Ou então, Osíris é invocado: "Ó Osíris, Senhor de Dat. [...] Eu me apresso ... para ver teu corpo morto, tua imagem, que escondeste sob Aker, misterioso e desconhecido".[25] Em outras passagens do livro há menções de que Aker, o deus da terra, oculta em seu ventre a "grande imagem", isto é, o corpo de Osíris.[26] O corpo desse deus, assim como o de qualquer morto (já que ao morrer todos se tornam Osíris), é portanto algo oculto, um "mistério" e ao mesmo tempo uma "imagem" ou "semelhança". Em minha opinião, isso indica que os antigos egípcios viam algo misterioso no cadáver, algo que a "imagem" do falecido retinha e de que, como veremos, se origina o processo de ressurreição, depois da desintegração e transformação do corpo. Portanto, assim como Orígenes, os egípcios acreditavam que a ressurreição era um processo contínuo que se iniciava a partir do cadáver concreto, só que para Orígenes o processo não principia com a múmia ou com a "imagem" no corpo, mas com aquele misterioso *spintherismos* (emissão de centelhas). Como vimos, Orígenes também se refere ao antigo corpo como *seminarium*, um "canteiro" do qual brotam novamente os mortos. Isso se coaduna com a difundida ideia arquetípica de que os mortos voltam à vida, por assim dizer, do mesmo modo que a vegetação. É comum aparecerem imagens de vegetação nos sonhos de pessoas próximas da morte. Um homem de aproximadamente 40 anos certa vez me procurou para uma única consulta. Ele havia recebido um diagnóstico terminal: sarcoma melanoma com metástase, que não conseguia aceitar. Na noite seguinte ao diagnóstico, teve um sonho:

> Ele via um trigal ainda verde, a meia altura. O gado invadiu a plantação, pisoteando e destruindo tudo. Aí uma voz vinda de cima bradou: "Tudo parece destruído, mas das raízes sob a terra o trigo voltará a brotar".

Eu vi nesse sonho uma indicação de que a vida de algum modo continua depois da morte, mas ele não queria aceitar essa interpretação. Pouco depois ele morreu, sem ter se reconciliado com seu destino.

Esse tema onírico lembra João 12:24: "Em verdade, em verdade vos digo: se o grão de trigo que cai na terra não morrer, permanecerá só; mas se morrer, produzirá muito fruto". Mas o que querem dizer essas palavras de Cristo? Como pode a vida se desenvolver "a partir de raízes invisíveis" depois que a morte decompôs o corpo? Afinal, o que significa "trigo"? – pois obviamente este não deve ser compreendido concretamente, mas como símbolo. Para compreender as palavras de Cristo no Evangelho de João é preciso colocá-las em seu contexto histórico. Elas aludem a ideias bastante difundidas do sincretismo da Antiguidade, época em que o simbolismo dos mistérios de Elêusis, dos festivais de Átis, Adônis e Tamuz, dos ritos fúnebres egípcios e da alquimia primitiva era universalmente conhecido.

Os mais antigos textos alquímicos do Ocidente são originários do Egito e portanto estão, desde o início, imbuídos da ideia de vida após a morte; pois, como é sabido, a cultura egípcia voltava-se em grande parte para a morte e o que depois dela ocorria. Os relatos sobre a arte da mumificação e a liturgia dos mortos são os mais significativos documentos a esse respeito. Um dos mais antigos textos alquímicos gregos, do primeiro século da era cristã, é uma instrução de "Ísis para seu filho Hórus", em

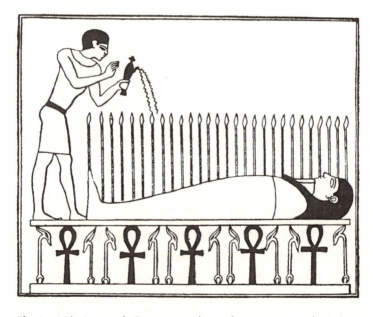

**Fig. 2** – Múmia cereal. O grão novo brota do corpo morto de Osíris.

que lê-se o seguinte: "Pelas graças de uma estação favorável e segundo os necessários movimentos das esferas [...] um dos [...] anjos que habitam o primeiro firmamento lançou o olhar sobre (Ísis). Aproximou-se (dela) e desejou possuí-(la) no ato do amor". Hórus estava ausente e Ísis permaneceu longo tempo em Hormanouthi, "onde a sagrada arte do Egito é praticada em segredo", ou seja, no templo de Hórus em Edfu. Ísis não se submeteu ao anjo, resistiu e exigiu que ele lhe falasse sobre "o preparo do ouro e da prata. Ele porém respondeu que não tinha permissão para explicar essas coisas, pois esse mistério ia muito além das palavras. Mas no dia seguinte apareceu [...] outro anjo, seu superior, Amnael [provavelmente o mesmo que Kamephis, que no texto Kore Kosmou é o mesmo que Kneph-Agathodaimon[27]], com suficientes poderes para responder às perguntas (dela)".[28] Seu signo seria "um vaso não revestido de piche, cheio de água transparente".[29] Amnael faz Ísis jurar em nome do céu e da terra, de Hermes e de Anúbis, de Kerberos (Cérbero) e do barqueiro Aqueronte, que não revelaria jamais o mistério a ninguém, salvo a seu filho, "para que um possa ser o outro".[30] Suas instruções são as seguintes: "Segue então [...] até um certo lavrador (Achaab) [em outra versão, o barqueiro Acherontos ou Acharantos] e pergunta-lhe o que semeou e o que colheu, e dele aprenderás que quem semeia trigo colhe trigo, e quem semeia cevada também colhe cevada".[31]

Estimulada por essa informação, Ísis, que começa a refletir sobre a obra da criação, percebe "que é da condição humana semear homens, do leão semear leões, do cão semear cães, e se acontecer que algum desses seres for produzido contra a ordem natural, ele terá sido engendrado sob a forma de monstro e não subsistirá. Pois uma natureza se alegra com outra, assim como uma natureza conquista outra". O mesmo é válido para o ouro, e "esse é todo o mistério".[32] (O texto prossegue apresentando receitas para operações práticas.)

O que significa esse texto aparentemente absurdo? Em primeiro lugar, ele fala de trigo e cevada e assim já dá a entender a que se refere simbolicamente. Pois Osíris, o marido morto de Ísis, era chamado de "trigo" ou "cevada", assim como qualquer morto; pois, segundo a velha concepção egípcia, os mortos se tornam o deus Osíris na hora da morte (como se sabe, o cadáver e a múmia eram invocados como Osíris NN). Assim, num certo Livro Egípcio de Aforismos, o morto diz de si mesmo: "Eu vivo, eu morro. [...] Eu me prostro, os deuses vivem para sempre, eu vivo no trigo, cresço no trigo que os deuses semeiam, oculto em Geb" (na terra).[33] Osíris é também chamado "o Senhor da decomposição" e "o Senhor do Verde Abundante".[34] Ou então um morto declara: "Eu sou [...] Osíris. Trigo, eu vim de ti. Penetrei em ti, tomei corpo em ti, em ti cresci, caí dentro de ti [...] para que os deuses vivam por mim. Vivo como trigo, cresço como trigo, que os entes sagrados colhem. Geb (o deus da terra) me recobre. Vivo, morro, e não pereço".[35]

Essa imagem de vegetação evidentemente se refere a uma *continuação* do processo vital, que dura eternamente e está além dos opostos vida e morte. Assim diz o morto, em outra inscrição de sarcófago: "Foi Atum quem me fez trigo quando me fez baixar à terra, à ilha de fogo, quando me foi dado o nome de Osíris, filho de Geb. Eu sou a vida".[36]

Como se percebe nessas citações, trigo e cevada não devem ser tomados concretamente, mas como símbolos de algo psíquico, algo que existe além da vida e da morte, um processo misterioso que sobrevive ao temporário florescimento e morte da vida visível. Essa ideia arquetípica de um processo contínuo na natureza também aparece num sonho relatado por J. B. Priestley em *Man and Time*:

> Eu estava no topo de uma torre muito alta, sozinho, vendo mais abaixo bandos de pássaros que voavam todos na mesma direção. Havia pássaros de todos os tipos; ali estavam todos os pássaros do mundo. Era uma visão nobre, esse vasto rio aéreo de pássaros. Mas nesse ponto a marcha mudou misteriosamente, o tempo se acelerou, e eu via as várias gerações dos pássaros, eu os via quebrar a casca dos ovos, dar o primeiro voo, acasalar-se, ir perdendo as forças e morrer. As asas cresciam e já se desfaziam; os corpos macios num repente sangravam e murchavam; e a morte a tudo atacava, o tempo todo. Para que toda essa luta cega pela vida, esse ansioso bater de asas, essa apressada reprodução, esse voo e essa repentina ondulação, todo esse gigantesco esforço biológico sem sentido? Olhando para baixo e vendo num relance a pequena história ignóbil de cada criatura, fiquei mal. Seria melhor se nenhum deles,

se nenhum de nós tivesse nascido, se essa luta acabasse de uma vez. Eu continuava na torre, só e desesperadamente infeliz. Mas aí a marcha mudou de novo e o tempo corria ainda mais depressa, numa velocidade tal, que os pássaros já não faziam movimento algum e eram como uma enorme planície semeada de penas. Ao longo dessa planície, vibrando através dos corpos, agora aparecia uma espécie de chama branca, que tremeluzia, dançava e então corria; e assim que eu a vi, eu sabia que essa chama era a própria vida, a própria quintessência do ser; e então eu me dei conta, num lampejo de êxtase, que nada tinha a menor importância, porque nada era real exceto aquela bruxuleante tremulação dos seres. Os pássaros, homens ou criaturas ainda sem forma ou cor não tinham o menor valor, exceto na medida em que essa chama de vida viajasse através deles. Nada restava para ser pranteado; o que me parecia uma tragédia era apenas um vazio ou um teatro de sombras; pois agora havia um sentimento real purificado que dançava em êxtase junto à chama da vida. Eu nunca havia sentido felicidade tão profunda como esta, no fim de meu sonho sobre a torre e os pássaros.[37]

Priestley entendeu que a chama nesse sonho é o Self cósmico eterno, interpretação esta que comentaremos mais adiante.

O símbolo de um fogo vital que permeia as coisas visíveis e invisíveis foi comentado de modo ainda mais específico pelo gnóstico Simão Mago, contemporâneo do apóstolo Pedro. Simão, sem dúvida influenciado por Heráclito, ensinava que o cosmos consiste de fogo, sendo que uma parte desse fogo produz o mundo visível, e a outra, o invisível. O fogo que produz esta última é divino, é o "tesouro que abriga as coisas perceptíveis e as invisíveis".[38] Esse fogo se assemelha à grande árvore que num sonho apareceu a Nabucodonosor (Daniel 4:7 e ss.), árvore esta que nutria todos os seres vivos. Suas folhas, seus galhos e seu tronco, que representam a vida visível, foram consumidos pelo fogo; mas o fruto da árvore, *que é a alma humana*, não se queimou e foi guardado no celeiro celestial, depois de purificado e liberado de sua forma terrena. (*Este fruto é a imagem de Deus na alma.*) A metade invisível do fogo cósmico possui consciência, enquanto o fogo invisível é inconsciente.[39]

Essa passagem indica que a metade encarnada da energia cósmica se dissolve e "morre", enquanto a parte essencial, capaz de consciência, isto é, o fruto, continua a existir. Para Simão, esse fruto é aquela parte da alma que se assemelha à imagem de Deus em linguagem psicológica, um símbolo do Self. Segundo a evidência dessas imagens, o Self tem uma vida que sobrevive à morte, ou tem uma forma de vida que flui através do universo e, paradoxalmente, ao mesmo tempo flui através do mundo visível.

Quando, em nosso texto alquímico, o anjo Amnael diz a Ísis que o mistério consiste em compreender que quem semeia trigo colhe trigo, ele alude àquela vida eterna que permeia a criação inteira. A sentença seguinte diz que um leão produz um leão e

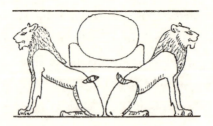

**Fig. 3** – Routi, o leão duplo dos egípcios com o disco solar, idêntico ao deus da terra Aker. Personifica os processos telúricos por meio dos quais os mortos voltam a viver.

um cão outro cão. Essa é outra alusão ao mistério da ressurreição contido no ritual fúnebre dos egípcios, isto é, o leão duplo Routi (Ruti), análogo ao deus da terra Aker (já mencionado em nosso texto).[40] Esse leão duplo, chamado "Ontem e Amanhã", era o misterioso agente da ressurreição. Ele representa o deus que personifica aquele incompreensível processo no interior da terra por meio do qual os mortos voltam a viver,[41] ao mesmo tempo sendo uma imagem da alma. Em certos textos, ele é substituído por dois cães (Anúbis).[42] Normalmente, porém, o leão é uma imagem do deus solar Ré que, nesse sentido, era invocado do seguinte modo: "Radiante de dia, leão de sua noite. Aquele que se cria a si mesmo nas transformações de seu nome; o que nasce do porvir".[43] Todo corpo ressuscitado se une a esse deus.

Encarado psicologicamente, o leão duplo simboliza o aspecto duplo da energia psíquica (energia pressupõe polaridade), cujas correntes produzem uma experiência do tempo no limiar da consciência. Ele aparece na zona limítrofe do inconsciente, onde "ontem e amanhã" tornam-se *um*; na zona mais profunda, essa polaridade talvez já nem mais exista.

Na sequência do texto, ficamos sabendo que o camponês Achaab, também chamado Acharantos (Aqueronte, numa variante), conhece esses mistérios. Numerosas inscrições em tumbas e sarcófagos mencionam um misterioso barqueiro que, depois de um severo exame dos mortos, transporta-os através do céu-oceano até o Além.[44] Em minha opinião, o nome Acherontos/Acharantos/Aqueronte é uma combinação dos nomes do deus egípcio Aker e de Aqueronte, o rio que atravessa o mundo subterrâneo dos gregos, e também nome desse mundo. Aker era considerado o guardião do mistério da ressurreição.[45] Dizia-se também que ele era um cadáver (mistério) que guardava "sua própria imagem", isto é, o corpo morto de Osíris.[46] Às vezes ele simboliza o mundo dos mortos como um todo, ou as águas primordiais do princípio do mundo. Num esquife ele é representado – assim como Atum, o deus que a tudo engloba – como um velho, trazendo nas mãos o ovo do deus-sol que acaba de nascer.[47] No Livro da Terra o deus-sol Ré diz para Aker: "Ó tu, que és do Poente, que crias cadáveres de formas vivas [...] guardiães da procriação, com muitas aparências".[48] Aker "eleva" os mortos.[49] Os grandes deuses antigos – Atum e Khepri – sobrevivem nele.[50] Embaixo dele jaz oculto o cadáver "secreto" de Osíris, que ele "guarda" durante o processo de ressurreição.[51]

Essas amplificações indicam que no antigo Egito o mistério da ressurreição se ligava à criação do cosmos e da vida em geral, e que os velhos alquimistas procuravam esse mesmo mistério em sua substância. Trigo (e cevada), leão, cachorro e o camponês Acherantos são símbolos que indicam a continuação e a constante renovação da vida. O pequeno sonho mencionado acima, em que um trigal é pisoteado, aponta, em última análise, na mesma direção.

Há uma passagem num texto de Olimpiodoro, um autor alquímico que, provavelmente, se confunde com o historiador homônimo do século V, que sugere que o procedimento alquímico para a produção da "pedra dos sábios" se relacionava com o ritual fúnebre dos egípcios. Olimpiodoro descreve a mumificação (*taricheia*) da substância básica nos seguintes termos: depois de lavar a substância terrena até pulverizá-la, pode-se encontrar o ouro que nela se esconde.[52] Os antigos usavam o nome de quatro (ou nove) letras do deus para designar aquilo que é encontrado (o ouro). Trata-se aqui, sem dúvida, da destilação de algo divino a partir da matéria bruta.[53]

Mais adiante no texto, continuando a descrever o mesmo procedimento, Olimpiodoro cita um velho oráculo que diz:

> O que é a tumba de Osíris? É um cadáver envolto em bandagens de linho, do qual só se vê a face. [...] Osíris é a tumba selada e sem ar que esconde os membros de Osíris e só revela o rosto e por isso (nos) assombra. Ele é a fonte de todas as substâncias úmidas e prisioneiro das esferas de fogo.[54]

O fogo, que pertence a Seth e ao elemento chumbo, é hostil a ele porque Osíris é água. Por outro lado, a esfera de fogo mais uma vez se liga à água no mesmo texto,[55] que prossegue: "Mas agora ele está ligado ao chumbo". Mais adiante, somos informados de que esse chumbo "é tão possuído por demônios e tão obsceno que, se o tocarem sem saber, os adeptos enlouquecem".[56]

No relato mítico egípcio, Seth, inimigo de Osíris, enganou-o e fez com que entrasse num caixão de chumbo, trancando-o lá dentro e provocando assim a sua morte. (É por isso que Osíris "está ligado" ao chumbo.) A "tumba de Osíris" – segundo os antigos egípcios e os primeiros alquimistas – é aquele lugar misterioso de onde novamente brota a vida, num processo que de certo modo repete a própria criação do mundo. Esta porém, segundo os egípcios, tem como ponto de partida Nun, o oceano primordial. Assim, em épocas posteriores, a "tumba de Osíris" era simbolizada por uma jarra cheia de água do Nilo, chamada Osíris Hydreios. Portanto, a ressurreição não se limita a uma restauração da vida do corpo morto, mas implica uma total reconstrução deste, tomando-o como ponto de partida. A jarra denominada Osíris Hydreios é descrita por Apuleio como sendo o mais sagrado dos objetos levados à procissão de Ísis. Tratava-se de uma jarra com bico e alça, dentro da qual ficava uma serpente. Talvez esse objeto de culto, só verificável em épocas posteriores, derive originalmente dos jarros canópicos, os quatro jarros que guardavam as entranhas dos mortos. Em contraste, esse recipiente continha água pura do Nilo, princípio de toda vida e renovação. J. G. Griffiths destaca o fato de que os jarros canópicos eram um símbolo da continuação da vida: "Os temas que aparecem nos relevos dos jarros do tipo greco-romano indicam que essa ideia se associa especialmente a Osíris; *o vaso é um símbolo de imortalidade física*".[57] Em outras palavras, é o útero no qual tem lugar o misterioso processo de renascimento de Osíris.

Descobri que esse símbolo ainda está vivo nos dias de hoje quando ouvi o emocionante sonho de uma mulher que havia perdido um filho jovem. Nesse sonho, que ela teve na noite subsequente ao enterro, ela segurava uma pequena urna de metal com as cinzas do filho, que em seguida seria enterrada – algo extremamente chocante para ela. O sonho prossegue:

> Eu estava sentada no sofá de casa e à minha esquerda estava outra mulher. Ela usava um discreto traje vitoriano e seus cabelos eram puxados para trás, com uma risca no meio. Nas mãos ela segurava um livro e lia em voz alta. Chegou então a uma palavra que não pude entender: tinha muitas consoantes e soava como "o-sr-s". Eu me aproximei para ler a palavra no livro. Era Osíris.

Essa senhora associou a mulher sentada a seu lado a Madame Curie. Recentemente ela havia lido que numa universidade, após receber em doação um miligrama de rádio, Madame Curie exclamara: "Para mim? Bem, eu conheço um hospital na Bélgica que precisa muito disso!". A pequena caixa contendo rádio lembrava a uma funerária com que havia sonhado. Concluiu então que as cinzas do corpo de seu querido filho serviriam agora para curar a aflição dos outros. Encarada por esse prisma, a caixa de metal seria a "tumba de Osíris", da qual (nas palavras de George Foz) "emergirá a poderosa substância de uma vida gloriosa".[58]

O importante aqui é que *aquilo que resta do corpo* – neste caso, as *cinzas* – parece ocultar o mistério que cura. Volta-nos à mente a ideia de Orígenes de que o corpo ressuscitado é criado a partir de "centelhas" que emanam do antigo corpo. Os antigos egípcios e os primeiros alquimistas também acreditavam que a ressurreição acontece a partir dos restos da *matéria morta* do corpo e não só da alma; portanto, da matéria transformada.

Na passagem de Olimpiodoro citada há pouco, o caixão de Osíris é de chumbo, substância que, segundo consta, pode causar a loucura. É precisamente a escuridão, o demoníaco, tudo aquilo que é hostil a Osíris morto, o que se torna um elemento "preservador" capaz de unir todos os aspectos da individualidade num *principium individuationis*, no qual fogo e água parecem reconciliar-se.[59] O chumbo de Seth, que mata e provoca a dissolução das coisas, misteriosamente também "preserva" os mortos da dispersão na totalidade da natureza. O sonho seguinte, que me foi contado por um oficial da cavalaria de 61 anos, também nos lembra o caixão de chumbo de Osíris. Esse sonho ocorreu um mês antes da inesperada morte do oficial, em razão de uma parada cardíaca:

Ele se encontrava de novo na escola de oficiais, onde atingira o posto de tenente trinta anos antes. Um velho cabo, que na época ele muito apreciava e na realidade tinha o sugestivo nome de "Adão", apareceu e lhe disse: "Senhor tenente, tenho algo a lhe mostrar". O cabo conduziu-o até o porão da caserna e abriu uma porta – feita de chumbo! O tenente recuou sobressaltado. Diante dele jazia de costas a carcaça de um cavalo em decomposição, que exalava um odor pútrido.

O "Adão mortal", um homem simples, mostra ao sonhador o que o espera, a decomposição na morte de seu corpo animal, isto é, o cavalo. Por meio do choque produzido pelo sonho, o inconsciente procurava desligar o sonhador de seu corpo, como que dizendo: "Não é você, mas seu cavalo que vai morrer". Para um homem da cavalaria, o cavalo simboliza, ainda mais que ordinariamente, a parte instintiva de sua natureza física que o "carrega". Adão, o homem "simples" universal (Anthropos) no sonhador (uma imagem do Self), sabe a respeito da iminente decomposição do corpo e tenta prepará-lo para enfrentá-la.

Mas para não perder a coerência ao comparar esse sonho com o texto alquímico mencionado, devemos correlacionar o cavalo na câmara de chumbo com Osíris no caixão de chumbo. O cavalo seria então não apenas uma imagem do corpo, mas também uma imagem do "deus interior" do sonhador (pois Osíris representa a parte "eterna" do homem). Nesse sonho, ele aparece como cavalo porque o sonhador nunca se conscientizou desse aspecto maior do seu ser: ele foi carregado através da vida pelo Self e não se perguntou jamais o que isso significava. Por essa razão, o Self ficou escondido no inconsciente, por assim dizer, em seu corpo. No entanto, como depois descobriram seus parentes, na véspera de sua morte ele secretamente colocara um crucifixo ao lado da cama. No seu momento final, ele teve a premonição de que o "homem-deus que sofre" se escondia no cavalo. (Osíris é a prefiguração de Cristo.)

Mas voltemos ao caixão de chumbo dos alquimistas. O mistério da ressurreição ocorre em seu interior e é precisamente Seth, o elemento demoníaco, que desempenha o papel de preservar e salvar o morto. Numa gema cinzelada, Seth aparece sobre um útero;[60] é como se ele guardasse o que ocorre no ventre do renascimento. De um ponto de vista psicológico, isso significaria o seguinte: o demoníaco no homem, o elemento Seth, é seu afeto autônomo "mau", aquelas ações, impulsos e emoções a que Jung deu o nome de "sombra". Esses traços costumam se manifestar em nós como impulsos do corpo "animalesco" e inconsciente. Esses impulsos trancam "Osíris". Na maioria dos casos, isso significa que ele fica impedido de se conscientizar do Self e da individuação. Mas no exato momento de sua aparente vitória, na hora da morte, esses impulsos se unem ao seu oposto, ao princípio do bem, a Osíris, a água da vida, e se transformam num "vaso" que envolve o Self e permite aos mortos não se desintegrarem e preservarem sua identidade individual. O *principium individuationis* na verdade se liga ao elemento diabólico, na medida em que este representa uma separação do divino no interior da natureza como um todo.

Psicologicamente, podemos compreender esse processo como uma transformação do egocentrismo em consciência do ego. Todos os nossos impulsos sombrios levam a um egocentrismo do desejo, do afeto e da vontade. A todo custo a pessoa quer conseguir o que deseja, geralmente de modo infantil. Se o ego for capaz de tomar consciência desses impulsos e subordiná-los ao Self (ao "deus interior"), sua ígnea energia se transforma na descoberta da sua identidade. O ego então se conscientiza do seu limite; o caixão de chumbo, que parece confinar, se transforma num vaso místico, num sentimento de estar sendo preservado e "contido" (também no sentido de não mais perder a compostura).

Uma das tragédias da velhice – algo que muito me preocupa – é que o idoso, de um lado, desenvolve uma forte inclinação a reagir com teimosia infantil, enquanto de outro a enfermidade e a debilitação física fazem-no depender cada vez mais da tirania dos médicos e enfermeiras das instituições. Sem o menor propósito de excusar tal tirania, pergunto-me se não há um sentido oculto nessa autoentrega que, originando-se na sombra, leva a uma transformação do egocentrismo em consciência do próprio ego. De qualquer modo, uma senhora de 93 anos, preocupada com o problema de ter que abrir mão do apartamento que tanto apreciava e mudar-se para um lar de idosos, sonhou que num lar desses havia uma mulher (não ela) sedenta de poder, que sempre acabava se impondo, e que precisava ser domada, ou seja, forçada a renunciar à atitude de poder. O chumbo demoníaco da sombra egoísta deve ser transformado num "vaso" da força do ego!

Por esse prisma, a morte pode ser encarada como o momento crítico em que o bem e o mal colidem no indivíduo. Em várias pinturas da Idade Média, a morte é representada pela luta entre um diabo e um anjo pela alma de uma pessoa prestes a morrer. O viático católico também contém traços de exorcismo. O sonho seguinte, de um paciente "próximo da morte", pertence a uma série publicada por Edinger em *Ego and Archetype* e oferece uma impressionante descrição da luta dos opostos, que em certo sentido não é luta alguma:

> Dois lutadores se confrontam numa luta ritual. Sua luta é muito bela. No sonho, eles são mais colaboradores do que antagonistas, como que pondo em movimento um projeto elaborado, planejado. Ambos são calmos, descontraídos e concentrados. No fim de cada tempo, eles se recolhem a um vestiário, onde aplicam "cosméticos" no rosto. Observo um deles no momento em que mergulha o dedo em sangue e depois passa no seu rosto e no do adversário. Os dois voltam para o ringue e recomeçam sua contenda rápida, furiosa, mas altamente controlada.[61]

Em última análise, aqui a luta é descrita como apenas um "espetáculo" pertencente ao mundo das ilusões. Atrás dessa luta, como nota Edinger,[62] está o Self, a união dos opostos. Dentre as pinturas coletadas por David Eldred, feitas por uma mulher às vésperas da morte, há uma sobre uma luta entre duas figuras masculinas, uma luminosa e outra sombria,[63] novamente o tema da colisão de opostos. Talvez devêssemos encarar esse material em conexão com as extraordinárias representações de lutas, especialmente duelos, gravadas em sarcófagos antigos. Seria bom também lembrar que as antigas batalhas romanas entre gladiadores eram travadas em homenagem aos mortos.

A ideia de que a morte é uma espécie de luta num momento decisivo parece ser de natureza arquetípica. Ladislaus Boros, teólogo católico da atualidade, desenvolveu um impressionante trabalho sobre a questão da morte. Segundo seu ponto de vista, a morte não é uma simples separação de corpo e alma, mas um processo completo de separação, que chega a atingir a parte mais íntima da própria alma.[64] No momento da morte, a unidade interna da alma se desloca para o centro do mundo, para o "coração do universo" e então, num confronto total consigo mesma, decide-se a favor ou contra Deus. "Nesse lugar metafísico, o homem tomará sua decisão final. O que aí for decidido existirá na eternidade... [pois] agora o ato torna-se essência, a decisão torna-se condição e o tempo, eternidade."[65] Essa é uma nova interpretação psicológica do juízo final e da destinação dos mortos aos céus ou ao inferno. "Deus, em sua forma imutável, torna-se para alguns um martírio, para outros uma bênção, dependendo da rejeição ou da humilde aceitação do amor divino na decisão final."[66] Uma das características dessa concepção, originária da tradição cristã, é que no fim os opostos se separam, como ocorre em *Fausto*, quando Mefistófeles é enganado e banido.

No simbolismo egípcio e alquímico, porém, os opostos são *reconciliados* no último momento e permanecem, no corpo pós-mortal, combinados numa unidade. É por essa razão que, no Livro dos Portões dos egípcios, no fim da ressurreição os mortos assumem a aparência de um deus com duas faces (de Seth e Hórus) e acompanham o deus-sol durante sua transformação no mundo subterrâneo.[67] "São eles que anunciam Ré no horizonte do Oriente."[68] Essa figura chama-se "Suas Duas Faces". Ela personifica a natureza dos opostos que se tornaram um só no morto deificado.

As experiências daqueles que estão próximos da morte são, na verdade, muito paradoxais. Em alguns casos, devido a um

**Fig. 4** – O deus de duas faces, com as cabeças de Hórus e Seth, representando a união de opostos interiores no morto deificado.

enfraquecimento da consciência na fase final, emerge material reprimido. Conta-se que Hans Christian Andersen, por exemplo, que permaneceu virgem por toda a vida, em seus momentos finais pronunciava obscenidades sexuais de tal ordem que os presentes não aguentavam ficar a seu lado. Outros relatam impressões caóticas. Às vezes os parentes são insultados e maldições são lançadas. Alguns morrem em meio a lutas desse tipo, enquanto outros fecham os olhos calmamente e com paz interior. Em minha opinião, essas diferentes reações diante da morte iminente representam dois aspectos do mesmo processo: alguns ainda estão em agonia, na luta dos opostos, enquanto outros parecem já ter um pressentimento do resultado final dessa luta, a pacificação, a união dos opostos. Aqueles que durante a vida aceitaram a luta dos opostos interiores terão talvez mais chances de terminar em paz.

## Capítulo 2

# A VEGETAÇÃO: ÁRVORE, RELVA, GRÃO E FLOR

Ao comentar aquele sonho do trigal pisoteado que volta a brotar e a conexão simbólica entre trigo, cevada e o deus morto Osíris, vimos que a morte da vegetação costuma aparecer como imagem da morte humana e, ao mesmo tempo, como símbolo de ressurreição. O paciente de Edinger, em fase terminal, teve o seguinte sonho:

> Estou sozinho num grande jardim formal, como os que se vê na Europa. A relva é de um tipo especial e parece que está plantada lá há séculos. Há grandes sebes de buxo e tudo é absolutamente ordenado. Percebo um movimento na extremidade do jardim. Primeiro, parece que é uma grande rã feita de grama. Chego mais perto e vejo

que na verdade é um homem verde, todo feito de relva. Ele está dançando. É um homem bonito e penso no romance de Hudson chamado *Green Mansions*.[1] Tive uma sensação de paz, embora não compreendesse o que via.[2]

Esse homem verde, assim como Osíris, é um espírito da vegetação. A rã, que inicialmente o sonhador julgou estar vendo em lugar do homem verde, traz à mente a rainha-rã Heqet, que os egípcios costumavam retratar sentada sobre a cabeça da múmia e que representava a ressurreição. Em lamparinas encontradas em túmulos cristãos antigos, ela é inequivocamente designada como "ressurreição". Na Idade Média, o verde era considerado a cor do Espírito Santo, da vida, da procriação e da ressurreição.[3] O verde é uma espécie de espírito vital ou alma cósmica que a tudo impregna. No que toca ao homem de relva que dança no sonho, J. G. Frazer[4] e W. Mannhardt[5] relatam vários costumes europeus nos quais um menino, na primavera ou na semana de Pentecostes, é recoberto de relva ou de folhas, imerso na água ou "morto" simbolicamente de alguma outra forma, para depois renascer. Chamam-no "Rei de Maio", "o Verde Jorge" etc. Trata-se de um ritual mágico para provocar o fim do inverno e garantir chuva abundante no decorrer do ano. Às vezes esse "bobo de Pentecostes" é substituído por uma árvore abatida ricamente decorada.[6]

Em certas localidades, esse personagem também é enterrado, o que era interpretado como "drama fúnebre".[7] Seja qual for o significado intrínseco dessa figura mítica, ela tem algo a ver com a morte e o reflorescimento da vida. O homem de relva que dançava no sonho desse americano também representa esse Rei de Maio, imagem do princípio de vida e morte simbolizado pela vegetação.

Ao lado da relva e do grão, a árvore também costuma aparecer como símbolo da misteriosa relação entre vida e morte. Assim, por exemplo, a árvore citada no capítulo anterior, feita de fogo cósmico (energia cósmica) visível e invisível, tinha para Simão Mago o sentido de união de vida e morte no seu interior; ao passo que na doutrina maniqueísta, e bem de acordo com sua concepção dualista do mundo, a árvore se dividia em duas: a da morte e a da vida. A primeira, plantada pelo demônio do desejo, feia e cindida, simbolizava a matéria e o mal; a outra, porém, significava gnose e sabedoria: era a Árvore do Conhecimento, cujo fruto, ao ser comido por Adão, abriu-lhe os olhos. Num tempo futuro, o redentor cortará a árvore da morte, mas plantará e preservará as árvores do bem. A árvore de luz é também representada como uma árvore de pedra preciosa.[8]

O último sonho de uma impressionante série relatada por Jane Wheelewright, de uma jovem morrendo de câncer, é o seguinte: "Eu era uma palmeira, entre duas outras árvores. Ia começar um terremoto que destruiria tudo o que era vivo, e eu não queria morrer".[9] Como nota a autora, entre outras coisas, a árvore é um símbolo materno. A árvore do sonho representa, portanto, uma devoção à "mãe natureza". Jung comentou a lenda germânica segundo a qual o homem se originou das árvores e a elas voltará.[10] O mundo da consciência se rende ao vegetativo. A árvore é a vida inconsciente que se renova e continua a existir eternamente, depois que a consciência humana se extinguiu.

Um homem de 75 anos teve o seguinte sonho, pouco antes de morrer:

> Vejo uma velha árvore retorcida num penhasco íngreme. Uma parte das raízes se prende à terra, mas o resto está solto no ar. [...] Daí a árvore se desprende da terra, perde o apoio e cai. Meu coração bate descompassado. Mas então acontece algo maravilhoso: a árvore flutua; ela não cai, mas flutua. Para onde? Para o mar? Não sei.[11]

Nesse sonho também, com toda a certeza, a árvore é uma imagem da continuação da vida. O sonho final de outro homem, que também veio a falecer poucos dias depois, foi o seguinte:

> Estou no meio de um líquido gasoso muito azul que tem a forma de um ovo. Sinto que estou caindo no azul, estou caindo no universo. Mas não é isso o que acontece. Sou apanhado e transportado por um pedaço de pano azul ou pelos flocos que me sustentam. Daí eu caio no universo – e quero experimentar. Mas não perco o pé e sou apanhado por panos e por pessoas que falam comigo. Os pedaços de pano ficam ao meu redor. Escadas vermelhas baixam do alto e formam uma árvore de Natal.[12]

Deixaremos para comentar depois esse ar gasoso. O que importa aqui é a árvore de Natal que aparece ao moribundo como um objetivo vivo no Além. Em seu ensaio "A Árvore Filosófica",[13] Jung nota que na tradição alquímica a árvore é também considerada símbolo do *opus alchemicum*. Psicologicamente, ela simboliza o processo de individuação, ou seja, o contínuo crescimento interior em direção a uma consciência superior, durante o qual novas luzes são vistas. Essa mesma árvore também existe na Jerusalém celestial do Apocalipse: "No meio da praça [...] há árvores da Vida que frutificam doze vezes [...] e suas folhas servem para curar as nações" (Ap 22:2). No paraíso do Islamismo, também há várias árvores de pedras preciosas, sendo a mais frequente denominada tula:

> Suas raízes são de madrepérola e suas folhas, de seda e brocado. Não há no jardim espaço, nem arco, nem árvore que não receba a sombra de um galho da tula. Seus frutos são raros e muito desejados neste mundo, onde certamente não existem. Suas raízes estão no céu e sua luz atinge todos os cantos do mundo.[14]

Aqui temos uma árvore invertida; "trajes de honra" para os piedosos brotam de sua copa. Podemos comparar esse aspecto aos pedaços de pano azul do sonho, que protegem o sonhador da desintegração. Jung escreve o seguinte sobre essa árvore invertida:

Os alquimistas encaravam a união dos opostos sob o símbolo da árvore; portanto, não é surpresa que o inconsciente do homem de hoje, que já não se sente mais em casa neste mundo e não pode se apoiar nem no passado que acabou nem no futuro ainda por vir, retorne ao símbolo da árvore cósmica enraizada neste mundo e crescendo rumo ao céu – a árvore que é também o homem. *Na história do simbolismo, essa árvore é descrita como sendo a própria vida, um crescimento em direção àquilo que existe eternamente e não muda; que brota da união de opostos e que, por sua presença eterna, também torna possível essa união.* É como se apenas por meio de uma experiência da realidade simbólica pudesse o homem, que em vão procura sua "existência" e disso faz uma filosofia, voltar ao mundo em que já não é mais um estranho.[15]

Parece que o sonho diz que no Além o sonhador continua a crescer em direção a uma consciência maior.

O simbolismo de vegetação também aparece em "Komarios a Cleópatra", um dos mais antigos textos da alquimia greco-egípcia, do século I. Antes da passagem que nos interessa aqui, há uma descrição do processo cíclico por meio do qual supostamente se dá a produção do ouro ou "pedra filosofal", ciclo esse que tem forma de mandala com duas vezes quatro cores e processos (ver esquema da p. 68).[16]

Depois desse esquema geral, o texto prossegue:

> Observai a natureza das plantas e de onde elas vêm. Algumas vêm do alto das montanhas e crescem na terra, outras brotam de cavernas e planícies. Mas observai o modo de tocá-las. Deve-se apanhá-las no momento certo, nos dias apropriados. Colhei-as nas ilhas do mar e nos planaltos. E observai como o ar as serve e como o trigo as abraça protetoramente, para que não sofram danos e não sejam destruídas. Observai a divina água que as alimenta, e como são regidas pelo ar depois de terem sido incorporadas numa só substância.[17]

Antes de nos aprofundarmos no texto, gostaria de interpolar neste ponto a breve explicação de que as plantas aqui mencionadas eram encaradas, na época em que o texto foi escrito, como idênticas a certos minérios e metais.[18] Aparentemente, os dois gêneros só diferem entre si quanto ao grau de umidade, sendo os metais "mais secos" e as plantas "mais úmidas".[19] Ambos crescem em montanhas e cavernas. Os minérios são considerados as "florescências" da terra. A terra, a água e o ar "servem" às plantas e "o trigo as abraça protetoramente". As árvores de pedras preciosas do paraíso islâmico bem poderiam ter sua origem em associações alquímicas desse tipo.

Mas voltemos ao texto. Depois de um comentário feito de passagem, Komarios diz a Cleópatra:

Há quatro estágios principais no processo alquímico: *melanosis* (preto), *leukosis* (branco), *xanthosis* (amarelo) e *iosis* (vermelho), ao lado de quatro operações: (1) *taricheia* (mumificação e lavagem), (2) *chrysopoiesis* (produção do ouro através do fogo), (3) *bipartição* e lavagem adicional com branco e amarelo, e (4) *sepsis* (segunda decomposição, ao final da qual aparece o ouro). As quatro operações estão intimamente ligadas às quatro fases ou cores.

Dizei-nos de que forma o mais alto desce ao mais baixo e o mais baixo sobe até o mais alto, e como o meio se aproxima do mais alto e do mais baixo e eles se unem no meio, e que tipo de elementos são. E as águas abençoadas descem até os mortos que lá jazem, presos e oprimidos nas lúgubres profundezas escuras do Hades. E como o elemento vital restaurador chega lá e os desperta, para que revivam para seus criadores. E como as novas águas (doces) penetram na cabeceira da sepultura, e nesse leito nascem e brotam com a luz e são elevadas pela nuvem. E a nuvem que transporta as águas sobe do mar. Os adeptos regozijam quando veem essa aparição.[20]

Cleópatra fala então para os ouvintes:

As águas penetrantes reavivam os corpos e os espíritos (*pneumata*) presos e enfraquecidos. Pois eles sofreram aflição renovada e foram novamente escondidos no Hades. Depois de algum tempo, começam a crescer e a aparecer, e se vestem com lindas cores brilhantes, como as flores na primavera. E a primavera regozija e se compraz com a beleza com que se vestem.[21]

Gostaria de me deter neste ponto do texto de Komarios para comentar o significado psicológico dessa passagem. Em primeiro lugar, aqui temos comparações tiradas obviamente do reino vegetal. Os "minérios" brotam da terra como plantas, morrem, ficam enterrados e ocultos sob a terra, são regados com água doce, novamente despertam para a vida e outra vez florescem com radiante beleza numa nova primavera.

Mais adiante, lemos que essas plantas, antes de voltarem a viver, são "estragadas" pelo fogo. Atrás dessa imagem está por certo o padrão da vegetação, que mesmo cortada pelo homem ou ressecada pelo sol volta a brotar e sobrevive. No *Vimala Kiuta Sutra*, o corpo humano é comparado à resistente bananeira, "que em si não tem nada de firme. O tronco morre no outono, mas o sistema de raízes rasteiras (rizoma), que fica na terra, brota de novo". Como, porém, o Budismo preconiza a interrupção dessa experiência, é comum recorrer-se à imagem do rabanete, arrancado com raiz e tudo, como símbolo de separação definitiva da roda do renascimento.[22] Entretanto, nas culturas em que a continuação da vida é encarada positivamente, as imagens de vegetação devem ser tomadas no sentido de promessa de existência renovada.

O corte de espigas ou da relva e a derrubada de árvores em sonhos de pessoas próximas da morte também indicam o fim da vida. Um analisando meu de 52 anos tinha câncer na bexiga e precisava ser operado. Naturalmente, ele estava muito preocupado. Sonhou que uma ambulância chegava para levá-lo ao hospital (na verdade, ele ainda estava em condições de ir de táxi). O motorista desceu da ambulância e abriu a porta traseira, onde se encontrava um caixão branco. Depois da operação, o paciente deixou o hospital, mas por pouco tempo. Teve que voltar devido a uma metástase e logo depois morreu. Relato aqui esse sonho brutal porque logo adiante veremos outro, extremamente reconfortante, da mesma pessoa.

Como já mencionei, há pessoas que criticam meu modo de lidar com sonhos consoladores, alegando que eles não passam de realizações de desejos. Ocorre que o inconsciente costuma anunciar o fim de forma dramática para os que cultivam ilusões sobre a proximidade da morte, como demonstra o sonho do cavalo morto citado no capítulo anterior e agora este do caixão branco. Em decorrência desse último sonho, o analisando assumiu a possibilidade de vir a morrer e logo em seguida sonhou o seguinte:

> Ele atravessava uma floresta no inverno. Fazia frio e havia muita neblina. Ele tremia. À distância ele ouvia o ronco de uma motosserra e, de tempos em tempos, o estalido de árvores que caíam. De repente, ele estava de novo numa floresta, mas como se fosse num nível superior. Era verão e o sol iluminava a relva verde. Seu pai (que na realidade já tinha morrido havia muito tempo) caminhava até ele e lhe dizia: "Veja você, aqui está de novo a floresta. Pare de se preocupar com o que acontece lá embaixo" (isto é, com a derrubada das árvores).

A derrubada das árvores talvez seja uma alusão à brutal intervenção cirúrgica que o aguardava, danificando e destruindo sua vida vegetativa (a motosserra corta sua árvore da vida). A morte aqui é um lenhador. Nas artes plásticas, ela costuma ser representada como uma ceifeira trazendo nas mãos o alfange. Esse tema artístico deriva da iconografia pré-cristã do deus Saturno, que costumava ser retratado como um deus da colheita segurando uma foice. Algo é "ceifado" na morte, é "cortado". A morte é sempre um evento brutal, como bem observa Jung, e "brutal não apenas no sentido físico, mas ainda mais psicologicamente: um ser humano é arrancado de nós e o que resta é o silêncio da morte".[23]

O mesmo sonho, porém, continua num "nível superior" onde novamente há vida, ou, segundo seus próprios termos, outra floresta. Nessa floresta, os mortos continuam a existir, como indica o aparecimento do pai já falecido havia muito. A atmosfera é feliz e agradável, como na "nova primavera" (descrita no texto de Komarios), e o pai morto aconselha o sonhador a parar de se preocupar com o que está acontecendo "lá embaixo". É óbvio que o inconsciente quer desligar psiquicamente o sonhador do evento físico terminal. Na realidade, esse homem desafortunado sofreu um doloroso fim, que no entanto suportou com grande coragem. O "nível superior" da segunda floresta poderia indicar certa elevação e intensificação da energia psíquica, fenômeno que discutiremos mais adiante. A transição de uma floresta sendo destruída para outra ressuscitada é realizada por meio de uma típica fusão de imagens oníricas e não é descrita com mais detalhes. O antigo texto alquímico de Komarios, porém, descreve com mais precisão o modo pelo qual as plantas, isto é, os "corpos" e "espíritos", sofrem o negror do mundo subterrâneo e são depois despertados e trazidos de volta à vida por uma infusão de água da vida. Eles então ressurgem como flores da primavera.

Como demonstrou Henri Corbin,[24] a ideia de flores como *prima materia* faz parte da concepção religiosa do mundo esposada pelos persas, na qual elas apareciam como o elemento primeiro do processo de ressurreição.[25] Como vemos nas paisagens persas que representam o Além, cada anjo ou poder divino tem sua própria flor. O deus Vohuman tem o jasmim branco, Shatrivar a flor de manjericão, Daena – a anima divina dos homens – a rosa de cem pétalas.[26]

Medita-se sobre essas flores para constelar sua "energia", com a qual o anjo ou a própria força divina ilumina o campo interior de visão. Assim, essa meditação sobre a flor, como diz Corbin, torna possível uma epifania de seres divinos de outro mundo dentro do mundo arquetípico.[27]

Também para os antigos egípcios a ideia de ressurreição se ligava à imagem do mundo das plantas, sendo as flores um aspecto do corpo ressuscitado. Costumavam eles depositar grãos de trigo e bulbos de flores dentro das bandagens da múmia, ou então num recipiente colocado ao lado do corpo, que regavam com água. A germinação desses grãos e bulbos era sinal de uma ressurreição completa. Essas "múmias do trigo" podem ser observadas no Museu do Cairo. Elas demonstram que a ressurreição dos mortos era literalmente equiparada ao germe, seja do trigo ou das flores. Esse costume também explica uma sentença obscura em nosso texto: "o trigo os abraça (isto é, as plantas ou minerais) proteto-ramente". Aqui os minérios-plantas também são identificados com o corpo recoberto pelo trigo e pelas bandagens de linho.

No momento da ressurreição, as plantas "florescem", como diz o texto de Komarios. As flores são uma imagem arquetípica da vida após a morte, ou da própria ressurreição do corpo. Nas chamadas "horas de vigília" dos mistérios de Osíris,[28] a "ressur-reição vegetal" ocorre na quarta hora do dia (seguida logo depois pela "ressurreição animal", que parece ter sido um rito de

**Fig. 5** – Ressurreição vegetativa, simbolizada por uma flor de lótus da qual emerge a cabeça de um morto que volta a viver.

renascimento no qual a *ka* do morto se renova). Na sexta hora, a deusa celeste Nut recebe o morto e o dá à luz de novo sob a forma de criança.[29] A ressurreição vegetal é, portanto, o primeiro estágio da ressurreição dos mortos, após a qual o morto diz: "Eu sou a pura flor de lótus que brotou da auréola de luz do nariz de Ré [...] Eu sou a pura flor de lótus que brotou do campo".[30] Ou então, dirigindo-se a Osíris: "Eu sou a raiz de Naref, a planta do horizonte ocidental. [...] Ó Osíris, que eu possa ser salvo, como vós fostes".[31] Ou então: "Ascendi como a forma primeira, nasci como Khepri (escaravelho), cresci como uma planta".[32]

No Oriente, a Flor de Ouro é um símbolo do Self, imagem familiar daquilo que é eterno no homem. Conta-se que Buda fez certa vez um sermão sem palavras, durante o qual deu uma flor amarela (ou, segundo outra versão, um lótus branco) a seus discípulos. Somente um deles, Kasyapa, o compreendeu e retribuiu com o sorriso de quem sabe.[33] A flor corresponde aqui à iluminação. No texto "O Ensinamento da Terra Pura", a flor (o lótus branco) é tomada como símbolo do homem que, embora perdido numa vida culposa, ilusória e confusa, "vive em Deus", na luz e na vida eternas de Amidha Buda. No texto taoista chinês "O Segredo da Flor de Ouro", isso é descrito como "um novo ser", que por meio da meditação desabrocha das sombrias profundezas interiores rumo ao silêncio.[34] É esse desabrochar que Jung denomina experiência do Self. Ao mesmo tempo, é uma experiência da imortalidade que já se manifesta na vida cotidiana.[35] "O corpo se assemelha às raízes do lótus, o espírito é a sua flor. As raízes ficam na lama, mas a flor desabrocha em direção ao céu."[36] A flor de ouro representa uma união com o "sempre criativo Um";[37] a imortalidade está em seu interior,[38] para que assim se cristalize um dharma ou corpo eterno.[39]

Atualmente, no Nepal, ainda se costuma jogar flores e arroz nas piras crematórias. Durante as celebrações dos mortos, festões de *tagetes* (flores amarelas) são estirados sobre o rio sagrado a fim de criar uma ponte para o Além. Certa flor chamada *tulasi* também desempenha um papel especial. Uma infusão dessa flor é ofertada aos mortos como bebida e suas folhas são colocadas em suas línguas. Quando morre um membro da casta dos guerreiros, essas flores são depositadas em frente ao cadáver e pedaços de suas raízes são colocados na língua, nos ouvidos, nos olhos e no alto da cabeça. A água do Ganges é aspergida sobre ele enquanto o nome da flor – *tulasi* – é pronunciado três vezes. Dessa forma, a alma pode subir ao céu. Além disso, depois da morte, a alma pode ainda visitar os sobreviventes descendo do altar caseiro para essas flores.[40] *Tagetes* amarelo-alaranjadas ainda são usadas pelos índios da Guatemala como símbolo do dia de Todos os Santos; para eles, essas flores representam o sol, a luz e a vida.[41]

O Ocidente não possui concepções tão diferenciadas da natureza dessa alma-flor como o Oriente, mas a ideia aparece frequentemente como tema arquetípico. Por exemplo, no conto de fadas cigano "O vampiro",[42] uma moça bonita e inocente é perseguida por um demônio vampiresco e, depois de vãs tentativas de fuga, acaba morrendo. Na cabeceira de seu jazigo nasce uma flor, "reluzente como uma vela acesa". O filho do imperador passa por ali, apanha a flor e a leva para o seu quarto. Durante a noite, a moça sai da flor e dorme com o príncipe; de dia, ela novamente se transforma na flor. As aventuras noturnas acabam enfraquecendo o príncipe; seus pais descobrem o segredo e seguram a moça. O filho acorda e, nesse estado, finalmente se une à amada. Ela dá à luz um menino dourado que segura uma maçã em cada mão. Mas após certo tempo o vampiro volta e mata a criança. A moça diz ao vampiro que ele terá uma morte horrível e ele acaba explodindo. Ela arranca fora o coração e assim faz renascer o filho.

Assim como no misticismo oriental, a flor aqui é um símbolo da absoluta invulnerabilidade interior, bem como da vida que sobrevive à morte. O menino dourado, que a heroína gera, é, como a flor, uma imago do Self, porém mais humano e portanto mais invulnerável ao diabo. É a bravura da heroína que finalmente vence o princípio destrutivo.

O tema da sobrevivência sob a forma de flor no jazigo também aparece em várias lendas. No folclore suíço, por exemplo, há uma história sobre a construção da casa paroquial em Hiltisrieden, em 1430. Um lírio brotou da terra, a partir do coração de um morto enterrado no local. Posteriormente, a história se referia a um lugar vizinho, onde o duque Leopoldo estava enterrado, e contava-se então que um lírio nasceu do seu coração. O santo suíço, Nicolau de Flüe teve certa vez uma visão, enquanto orava, de "um lírio branco perfumado que saía de sua boca até tocar o céu". (Ao mesmo tempo, ele pensava em seus animais de criação e seu cavalo favorito comeu o lírio.) Aqui o lírio é certamente uma aparição do corpo sutil, uma imagem da *anima candida* de Nicolau que busca o céu.[43]

A flor é, assim, uma imagem da alma, que se liberta da matéria vulgar do corpo; ao mesmo tempo, é uma imagem da existência da alma após a morte.[44]

Na cultura maia, o crescimento da vegetação também se associava intimamente ao culto dos mortos.[45] Infelizmente, como os textos maias ainda não foram decifrados com exatidão, só posso apontar algumas características gerais.

**Fig. 6** – Num ritual maia, a alma do falecido é acompanhada em sua jornada até o renascimento pelo pássaro Moan (centro) com as palavras "grão vivo" em seu bico, e (à direita) por um deus com um bastão de sementes.

Parece que os maias praticavam um ritual no qual acompanhavam a alma do morto até o Além, desde o momento da morte até o renascimento. Como nota o pesquisador Paul Arnold, "as almas dos mortos estavam intimamente ligadas à vida das plantas, especialmente do milho. Eles também ajudavam as plantas a renascer".[46] Mas nem todos participavam desse tipo de iniciação. Algumas pessoas desapareciam no misterioso Mictlán e não voltavam mais. Por outro lado, os guerreiros e as mulheres que morriam de parto entravam nas regiões celestes e acompanhavam a trajetória do Sol até o anoitecer, e então retornavam à terra como borboletas e beija-flores. Ao morrer, o indivíduo inicialmente ficava confuso, mas com o auxílio de um sacerdote despertava e ficava de novo ativo. Ele perdia o corpo, mas sob a forma de "olho" ou "alma" podia escolher uma mulher grávida e retornar à vida através de seu filho.[47] O ideograma para essa reprocriação é um recipiente cheio de cinzas (!), ou um osso do qual brotam duas ou três folhas.[48] Um pássaro chamado Moan, com as palavras "grão vivo" no bico, ajuda a alma a renascer.[49] Paul Arnold, editor dos Livros Maias dos Mortos, ressalta a íntima relação entre essas ideias e as dos antigos chineses.

Na Antiguidade, os chineses provavelmente enterravam seus mortos na face norte da casa,[50] onde eram guardados os grãos da nova semeadura. Originalmente, eles achavam que os mortos, de certa forma, continuavam a viver no lençol de água existente sob a casa, perto das Fontes Amarelas que assinalavam o fim de sua jornada. Quando a atingiam, eles voltavam à vida.[51] Marcel Granet nos informa que:

> As Fontes Amarelas formavam a terra dos mortos, um reservatório de vida, porque os chineses achavam que Yang, que tinha se recolhido nelas nas profundezas do Norte (as profundezas são Yin), sobrevivia ao inverno (Yin) envolvido e circundado por Yin (água). Lá Yang readquiria sua plena força e se preparava [...] para brotar de novo.[52]

Esse crescimento começava no solstício de inverno.

Posteriormente, na China, os mortos eram enterrados em sepulturas localizadas ao norte da cidade. O Norte é associado ao descanso do inverno e ao festival em homenagem aos mortos. Nesse festival, atores com máscaras de animais andavam pelas ruas como se fossem os espíritos dos mortos, e o povo ia até os sepulcros para conservá-los em ordem.[53] Eles também realizavam banquetes cerimoniais, para os quais convidavam os espíritos dos ancestrais.[54] Em seguida, os campos eram limpos, arados e semeados.[55] Essa era também a época dos casamentos, outra semeadura de vida nova.

Os chineses acreditavam que seus ancestrais voltavam à vida em seus descendentes, não como pessoas idênticas, mas por meio de sua essência vital específica, que era a mesma da família.[56] Há portanto uma analogia mística entre os mortos que descem à terra durante o descanso do inverno e o grão que repousa no celeiro setentrional da casa e novamente desperta para a vida na primavera. Também no Ocidente, especialmente na região mediterrânea na época miceniana, os mortos eram enterrados nos chamados *pithoi*, vasilhames de barro normalmente usados para armazenar grãos. Assim como o grão semeado na primavera desperta para uma nova vida, os mortos também renascerão no Além.[57]

Na literatura, há repetidas indicações de que os "deuses da vegetação" estão ligados ao simbolismo da ressurreição, no sentido de que Osíris, Átis, Tamuz e outros *significavam* a morte e o renascimento da vegetação. Do ponto de vista psicológico, isso é incorreto. Nas culturas rurais, a vegetação, em seu aspecto concreto, não era mistério algum, mas uma parte tão íntima da vida que nem chegava a ser divina. No culto dos mortos, ela era antes um símbolo de algo desconhecido, de algo psíquico, e como todos os símbolos arquetípicos, estava intimamente interligada a muitas outras imagens míticas. A vegetação representava o mistério psíquico da morte e da ressurreição. Além disso, deve-se ter em mente que, na realidade, a vegetação caracteriza-se pelo fato de que extrai sua vida diretamente da matéria inorgânica, e por assim dizer morta, da luz, do ar, da terra e da água. Por essa razão, é um símbolo especialmente apropriado para o milagre do surgimento de nova vida a partir de substâncias ordinárias e "mortas". Ora, o corpo humano morto também é constituído de matéria inorgânica e, na verdade – ou assim esperamos –, uma "forma" nova poderia brotar dele, como indicam as imagens de vegetação.

O símbolo da flor única, em contraste com o da árvore, da relva e do ramalhete, tem um significado particular. Em geral, as flores têm forma de mandala (a flor de ouro de Buda), o que faz delas símbolos apropriados do Self. Portanto, o *mythos* da flor sugeriria que nela o Self possui ou constrói para si um novo corpo em forma de mandala, na medida em que extrai sua "essência vital" do corpo morto.

Nossas oferendas de flores e coroas nos enterros simbolizam por certo não apenas nossos sentimentos de pesar, mas também, *inconscientemente*, uma "magia de ressurreição", um símbolo para o retorno dos falecidos a uma nova vida – e aí também é significativa a forma de mandala da coroa.

Foi para minha grande tristeza que descobri, por meio da imaginação ativa de uma analisanda e amiga minha de 54 anos, que inesperadamente veio a falecer, o quanto a flor é um símbolo vivo do corpo pós-morte como abrigo seguro da alma. Como se sabe, a imaginação ativa é uma forma de meditação ensinada por Jung, na qual trava-se uma conversa com personagens interiores de fantasia. Em sua imaginação, o interlocutor dessa pessoa era um homem-urso espiritual. O leigo pode imaginá-lo como uma espécie de guru interior.

Um mês antes de morrer, ela transcreveu a seguinte "imaginação":

Eu:     Ó meu caro urso! Estou com frio. Quando chegaremos à nossa morada?

O urso: Só depois da morte você realmente estará lá.

Eu:     Não podemos ir agora?

O urso: Não. Primeiro você precisa completar suas tarefas.

Eu:     Não posso, porque sinto muito frio.

O urso: Eu te darei meu calor animal.

        (Ele me abraça com cuidado e, aos poucos, vou novamente me aquecendo.)

Eu:     Não podemos ir agora, só um pouco, até aquela linda morada?

O urso: É perigoso.

Eu:       Por quê?

O urso:  Porque não se sabe ao certo se dá para voltar.

Eu:       Já não estivemos aqui antes... diante desta flor maravilhosa?[58]

O urso:  Sim, mas isso é diferente de entrar nela.

Eu:       Mas não posso viver sem esse centro. O centro deve estar sempre comigo. Não quero ficar fora, mas sempre dentro dele. Fora, nada tem sentido; fica-se à mercê do acaso.

**Seis dias depois:** Vejo a flor. Ela brilha, linda e radiante, na floresta escura. Ela cresceu; tem raízes e é eterna. De seu radiante miolo saem oito pétalas, quatro douradas e quatro prateadas, distribuídas simetricamente. Ela está no meio de uma área circular, rodeada por um muro alto com quatro portões fechados. Meu companheiro, o urso, tem quatro chaves de ouro. Ele abre um dos portões. Entramos e ele o fecha de novo. Assim que entro, começo a me sentir bem.

Eu:       Por que me sinto tão bem aqui?

O urso:  Porque não há demônio do lado de cá do muro.

Eu:       Estou muito feliz em nossa morada, no centro. A flor irradia uma luz que cura. Ainda não estou na flor, mas estou perto, sob a sua proteção, envolvida pelo seu suave calor. E a ordem interior é o centro. Aqui não há cisão, tudo é inteiro.

**Alguns dias depois:** Aqui, perto da flor, estou a salvo de muito calor ou de muito frio.

Eu:       Por que o muro é tão espesso?

O urso: Para nos proteger de Deus.

Eu:       Quem o construiu?

O urso: Deus.

Eu:       Quem fez com que a flor crescesse?

O urso: Deus, para te proteger dele.

Eu:       Ó Deus terrível, tremendo, atencioso, prestativo!

**Uma semana depois:** O mistério da flor está dentro de mim. Eu sou ela, ela sou eu. Ela entrou em mim e se transformou num ser humano.

[...] Eu *sou* essa flor radiante, da qual brotou uma fonte. [...] Será que sou isso? De agora em diante, quando eu for até a flor, sei que estou entrando em mim.

**Duas semanas depois:** Vou até o muro. Meu companheiro, o urso, abre um dos portões para mim. Entramos. [...] Uma vez no interior dos muros, ele assume forma humana. Ele veste um casaco dourado. Olho para a flor. Enquanto medito nela, *sou transformada numa flor, bem arraigada, radiante e eterna. Assim, assumo a forma da eternidade.* Isso me torna inteira. [...] Enquanto flor, enquanto centro, ninguém pode me fazer mal. Dessa forma, estou protegida. Durante a maior parte do tempo terei de voltar à forma humana, mas sempre poderei tornar-me a flor. Estou feliz, pois até há pouco eu não sabia que isso era possível. Eu só conhecia a flor como objeto. Agora sei que posso ser a flor.

Aqui o texto é interrompido abruptamente, pois logo em seguida a autora morreu, inesperadamente, de embolia pulmonar. É como se ela realmente quisesse entrar na flor, símbolo do corpo pós-mortal.

Isso não quer dizer que o corpo da ressurreição realmente se assemelha à flor. Devemos por certo compreender a flor como *símbolo* de uma forma de existência em si mesma inimaginável e racionalmente incompreensível. Na visão junguiana, a estrutura de mandala da flor é uma indicação do Self, da totalidade psíquica interior. Nesse sentido, a flor é um núcleo íntimo que lentamente vai amadurecendo, uma totalidade à qual a alma se recolhe após a morte. Numa passagem do exercício de imaginação ativa não mencionada aqui, a autora chama a flor de estrela. Esse é outro símbolo historicamente conhecido do corpo da ressurreição. No antigo Egito, a imortal alma *ba*, como vimos, era representada como pássaro ou estrela. A estrela simboliza o caráter único e eterno do morto, que tem sua própria identidade como uma estrela em meio a milhões de outras. Esse tema aparece mais adiante em nosso texto básico, o tratado de Komarios, ao qual agora devemos voltar.

# Capítulo 3

# O PRIMEIRO CASAMENTO COM A MORTE

Na alquimia, o revivescimento de "plantas" (minérios) por meio da rega era entendido como um casamento. O texto de Komarios prossegue:

> 10. Mas eu declaro aos que forem de boa vontade: quando preservais as plantas, elementos e minérios (pedras) no lugar adequado, eles realmente *parecem* muito belos, mas deixam de sê-lo quando testados pelo fogo. (Mais tarde), quando tiverem adquirido a glória do fogo e sua cor reluzente, podereis ver o quanto aumentou sua glória em comparação com a que tinham antes, na medida em que a desejada beleza e sua natureza fluida se transformaram em divindade. Pois eles

(os adeptos) as alimentam (as plantas) no fogo, da mesma forma que um embrião é alimentado e cresce rapidamente no interior do útero. Mas quando chega o mês do parto, ele (o embrião) não pode ser impedido de nascer. Nossa arte sagrada (a arte da alquimia) procede da mesma forma. As ondas e marés sempre encapeladas ferem-nos (os corpos) no Hades e na tumba em que jazem. Mas quando a tumba é aberta, eles nascem do Hades, como a criança do útero. Quando os adeptos observam essa beleza, como mãe amorosa observando o filho, eles procuram o modo de alimentar a criança (o cadáver) na sua arte, (isto é), com água em vez de leite. Pois a arte imita o parto, já que também é formada como uma criança, e quando se completar, podereis ver o mistério selado.

11. Agora vos informarei onde se encontram as plantas e os elementos. Mas começarei com uma parábola (*ainigma* = enigma): ide até o cume das montanhas cobertas de florestas e lá encontrareis uma pedra. Tomai o elemento masculino (*arsenikon*) da pedra e alvejai-o de uma forma divina.[1] Olhai então para a parte média da montanha, abaixo do lugar do masculino; aí jaz a parte feminina com a qual se unirá e que lhe dá prazer. Pois a natureza se compraz com a natureza; senão, ela não se torna uma só. Descei ao Mar do Egito, levando convosco o Nitron, que vem da fonte, a areia. Lá deveis uni-los um ao outro, e essa união produzirá (então) a beleza multicolorida; sem essa beleza, não

poderão tornar-se um só. Pois as dimensões do macho são as mesmas de sua companheira. Compreendei que a natureza recompensa a si mesma, e quando tiverdes juntado tudo em harmonia, a natureza superará a si mesma e eles terão prazer um com o outro.

12. Olhai, ó sábios, e compreendei; observai a realização da arte por meio da aproximação e união do noivo com a noiva. Observai as plantas e suas diferenças. Eu vos digo: olhai e compreendei que as nuvens nascem do mar, e carregam em si as abençoadas águas com as quais regam a terra e da terra brotam sementes e flores. Dessa forma, a nossa nuvem, que nasce de nossos elementos, também carrega água divina e rega as plantas e os elementos e não precisa de mais nada.

13. Observai o paradoxal mistério, irmãos, o grande desconhecido; notai que a verdade é óbvia para vós. Observai e regai vossa terra e tomai cuidado ao alimentar vossas sementes, para que possais colher o mais belo fruto. Agora, ouvi, compreendei e tomai em consideração tudo o que vos digo. Tomai dos quatro elementos o masculino superior e o inferior, o que reluz branco e avermelhado, masculino e feminino, de peso igual, para combinar um com o outro. Pois, assim como o pássaro aquece e choca seus ovos com o calor de sua incubação, assim também deveis aquecê-los, liberá-los (*leiosi*) e fazê-los nascer, regando-os com águas divinas ao sol e em lugares aquecidos e cozendo-os com

fogo brando no leite de mulheres virgens, observando a fumaça.[2] Acorrentai-os no Hades e guiai-os novamente para fora, saturai-os de croco da Cilícia ao sol e em lugares quentes e cozei-os no leite de mulheres virgens em calor brando, protegidos da fumaça, e acorrentai-os no Hades e transportai-os com cuidado até que sua preparação esteja mais estável e não possam mais escapar do fogo. Tirai-os então para fora, e quando a alma (*psyche*) e o espírito (*pneuma*) tiverem se tornado um só, projetai-o (o uno) sobre o corpo da prata e tereis ouro, ouro como não possuem os reis em seus tesouros.[3]

A essa passagem, segue-se uma descrição da verdadeira ressurreição. Mas antes temos de examinar alguns desses temas com mais atenção. Algo novo aparece na Seção 13: a descrição de uma união entre superior e inferior sob a forma de noivo e noiva. Aqui esse tema é apenas sugerido, ao passo que em textos alquímicos posteriores ele ganha cada vez mais proeminência. Essa é a união dos opostos psíquicos, que Jung descreveu em sua extensa obra, *Mysterium Coniunctionis*. Esse *hierosgamos* (casamento sagrado) é um "casamento com a morte", também um tema arquetípico muito difundido.

Jung teve uma experiência pessoal do *hierosgamos* quando se encontrava num estado muito próximo da morte, que vem descrita em suas memórias. Ele havia sofrido três embolias do coração e dos pulmões e ainda estava entre a vida e a morte:

Durante o dia, eu ficava deprimido. Sentia-me fraco e miserável. [...] Ao anoitecer, eu adormecia e mais ou menos à meia-noite acordava. Aí eu caía em mim e ficava desperto durante cerca de uma hora, mas num estado totalmente alterado. Era como se eu estivesse em êxtase. Eu me sentia como que flutuando no espaço, como se estivesse abrigado no ventre do universo – num tremendo vazio, mas tomado pelo mais elevado sentimento de felicidade. [...]

Tudo ao meu redor parecia encantado. A essa hora da noite, a enfermeira costumava esquentar um pouco de comida e me trazer, pois só então eu conseguia comer. Por muito tempo me pareceu que ela era uma velha judia, muito mais velha do que na realidade, e que preparava uma comida kosher ritual para mim. Quando olhava para ela, parecia que tinha um halo azul ao redor da cabeça. Parecia que eu estava em Pardes Rimmonim, o jardim das romãs, nas bodas de Tifereth e Malchut.[4] Ou então eu era o rabino Simon ben Jochai, cujo casamento *post mortem* estava sendo celebrado. Era o casamento místico, tal como aparece na tradição cabalística. [...] Não sei exatamente que papel eu desempenhava. No fundo, tratava-se de mim mesmo: eu era o casamento. E minha beatitude era a de um casamento bem-aventurado.

O jardim de romãs foi aos poucos desvanecendo e mudando. Em seguida, apareceu o Casamento do Cordeiro, numa Jerusalém festivamente paramentada. [...] Eram estados inefáveis de alegria. [...]

Isso também desapareceu e uma nova imagem surgiu, a última visão. Eu caminhava por um amplo vale, até onde começava uma suave cadeia de colinas. O vale desembocava num anfiteatro clássico, magnificamente situado numa paisagem verde. E aí, nesse teatro, o *hierosgamos* estava sendo celebrado. Dançarinos subiram ao palco, e sobre um leito enfeitado com flores o grande pai Zeus e Hera consumavam seu casamento místico, tal como o descreve a *Ilíada*.

Essas experiências todas foram magníficas. Noite após noite, eu flutuava num estado da mais pura alegria, "rodeado por imagens da criação". Aos poucos, os temas iam se confundindo e esmaecendo. As visões costumavam durar cerca de uma hora; logo a seguir, eu voltava a dormir. Quando o dia começava a clarear, eu pensava: outra vez vem chegando a cinzenta manhã...![5]

Para Jung, o retorno ao mundo cotidiano era extremamente difícil e deprimente. Essa experiência também foi descrita numa carta: "Durante minha doença, algo me carregou. Meus pés não estavam no ar e pude comprovar que atingi terra firme. O que quer que você faça, se o fizer com sinceridade, acabará se tornando a ponte para a sua totalidade, um barco seguro que o carrega através da escuridão de seu segundo nascimento, que para o exterior parece a morte".[6]

Santo Tomás de Aquino morreu num estado de êxtase, quando interpretava o Cântico dos Cânticos para os monges de Santa Maria em Fossanova – sem dúvida a mais bela versão do *hierosgamos* na tradição ocidental. Conta-se que Tomás morreu ao raiar da aurora, acompanhado das palavras "*Venite, dilecti filii, egredimini in hortum*".[7]

O tratado alquímico *Aurora Consurgens* provavelmente se origina dessa interpretação do Cântico por Santo Tomás. Na *Aurora*, a Noiva diz:

> Ofereço os lábios ao meu amado, que encosta em mim os seus (cf. Cântico dos Cânticos 1:2); ele e eu somos um (cf. João 10:30); quem poderá nos separar do amor (cf. Romanos 8:35-39)? Ninguém, pois nosso amor é tão forte como a morte (cf. Cântico 8:6).[8]

O Noivo responde:

> Ó minha bem-amada, tua doce voz ressoou em meus ouvidos (cf. Cântico dos Cânticos 2:14), teu perfume é o melhor de todos os aromas (cf. *ibidem* 4:10). Oh! como é belo o teu rosto (cf. *ibidem* 4:1), teus amores são melhores do que o vinho (4:10), minha irmã, minha esposa, teus olhos são como os tanques de peixes de Hesebon (7:5), teus cabelos são de ouro, tua face de marfim, teu ventre redondo como uma taça (7:3), tuas vestes são mais alvas

do que a neve, mais puras que o leite, mais rubras que o marfim velho (cf. Lamentações 4:7), e teu corpo todo é delicioso e cobiçável. Vinde, ó filhas de Jerusalém, e vede, e dizei e declarai o que tiverdes visto; dizei, o que faremos por nossa irmã, pequenina e ainda sem seios quando vierem pedi-la (Cântico dos Cânticos 8:8-9)? Eu usarei da minha força sobre ela e apanharei seus frutos, e seus seios serão como os cachos da videira (*ibidem* 7:8). Vem, amada, vamos correr pelos campos, vamos morar nas aldeias, vamos andar de manhã pelas vinhas, pois a noite avançou e o dia se aproxima (cf. Cântico 7:11-13); [...] inebriemo-nos com o melhor vinho e com perfumes, coroemo-nos com botões de flores [...] por toda parte deixaremos alegria, pois essa é nossa sorte e nossa sina (cf. Sabedoria de Salomão 2:5 ss.), viveremos na união do amor com prazer e alegria, dizendo: vede como é bom, como é agradável quando dois vivem juntos em união (cf. Salmos 132:1).[9]

Os alquimistas tomavam esse texto como uma descrição da realização da sua *opus*. De qualquer forma, é uma descrição do processo de individuação completo, da união final dos opostos psíquicos, uma libertação total do egocentrismo e o ingresso num estado de êxtase e de divina totalidade.

O tema da união matrimonial aparece não só em experiências de êxtase como essa, ao fim da vida, mas também em sonhos que indicam a proximidade da morte.

Edinger relata o seguinte sonho, daquele mesmo paciente que, perto da morte, sonhou com o "homem de relva que dançava":

> Tudo é escuro, mas há uma certa luminosidade que não dá para descrever. É uma escuridão que brilha. No meio dela está uma mulher dourada, com um rosto quase igual ao da *Mona Lisa*. Agora percebo que o brilho emana de um colar que ela usa. É um colar muito delicado: pequenos *cabochons* de turquesa incrustados em ouro avermelhado. Isso tudo tem um grande sentido para mim, como se houvesse uma mensagem nessa cena toda; mas eu teria que penetrar no inefável.[10]

Edinger compara essa imagem da anima com a figura bíblica de Sophia, que representa a soma de todas as imagens arquetípicas eternas (as pedras preciosas), a *sapientia*, através de quem Deus, segundo uma ideia medieval, "conhece-se a si mesmo".[11] Ela é uma força cósmica espiritual, que nesse caso aparece ao sonhador como mensageira da morte.

Alguns anos atrás, um médico casado, de 52 anos, procurou-me para análise. Ele estava em bom estado de saúde física e psíquica, mas sua prática profissional o aborrecia e ele queria receber treinamento para tornar-se um psicoterapeuta. Seu sonho inicial, porém, apontava para algo muito diferente. (Nós consideramos o primeiro sonho trazido para a análise como de especial importância, pois comumente antecipa o que ocorrerá no processo.) O médico teve o seguinte sonho:

Ele ia ao enterro de um homem que lhe era indiferente, e acompanhava o cortejo fúnebre ao lado de outras pessoas. Numa pequena praça quadrangular, onde havia um gramado, o cortejo parava. Nesse gramado havia uma pira, sobre a qual o caixão foi depositado e o fogo, aceso. O sonhador observava sem sentir nada em especial. Quando as chamas se ergueram, a tampa do caixão abriu-se e caiu. De dentro dele surgiu uma mulher nua lindíssima; ela abriu os braços e aproximou-se do sonhador. Ele também abriu os braços para recebê-la e acordou com uma indescritível sensação de bem-aventurança.[12]

Fiquei assustada quando ouvi esse sonho inicial. Pareceu-me que sua intenção era preparar o médico para a proximidade da morte, embora fosse ele ainda novo e cheio de energia. O que me parecia especialmente sinistro era a "indescritível sensação de bem-aventurança". Depois desse sonho, porém, o médico teve sonhos "normais" e a análise seguiu um curso "normal". Depois de um ano de trabalho analítico, por motivos financeiros, ele teve de voltar a seu país, mas com a intenção de logo retornar para terminar sua análise didática. Foi então que, inesperadamente, recebi a notícia de sua morte. Ele teve uma gripe, que se agravou, e morreu devido a um ataque cardíaco na ambulância que o levava ao hospital.

Mas analisemos o sonho com mais vagar. Primeiro aparece o enterro de um homem indiferente. Provavelmente, ele representa o aspecto terreno ou corpóreo do sonhador, que na morte se torna um estranho, alguém indiferente, o "velho Adão" que ele descartou. Essa figura corresponde ao cavalo em decomposição naquele sonho do oficial de cavalaria citado no primeiro capítulo. Do ponto de vista junguiano, a praça quadrada representa uma mandala, uma imagem do Self, da personalidade completa. A grama que cresce nesse lugar é uma alusão à vegetação enquanto símbolo de ressurreição. O caixão é colocado no fogo. Esse tema, que será discutido mais adiante, refere-se presumivelmente à dimensão *psíquica* dos antigos costumes de cremação, pois retrata um tipo de cremação que ocorre num campo verde em forma de mandala e não num crematório, como os atuais.

Em lugar de um morto, uma mulher nua lindíssima é que sai do caixão. Ela representa a anima do sonhador, seu lado feminino inconsciente. Ela deve ter emanado, através do efeito do fogo, do corpo morto e cremado do homem. Isso é o que os alquimistas denominariam *extratio animae*. Essa "extração da alma" também é descrita no texto de Komarios, que adotei como manual para a presente seção deste estudo. No "tratamento pelo fogo", a alma (*psyche*) abandona o corpo escuro e malcheiroso, ergue-se como uma "nuvem" e, depois, como chuva sobre a terra, retorna ao corpo.[13] Esse retorno é o casamento sagrado de psique e corpo no texto de Komarios e – no sonho acima – o casamento da alma com o sonhador (depois de livrar-se de seu corpo indiferente).

Jung nota que, de início, a anima procura envolver o homem com as tarefas da vida, mas ao aproximar-se o fim desta, estando já integrada, ela se torna uma mediatriz do Além, dos conteúdos do inconsciente. Nessa fase, ela adquire um aspecto espiritual--religioso, tornando-se, para o homem, Sophia.

A jovem que sofria de câncer, cuja série de sonhos foi relatada por Jane Wheelwright, teve o seguinte sonho inicial, o mais importante de toda a sua análise:

> Eu estava numa torre da Suméria, com grandes rampas que subiam em zigue-zague até o topo. Ao mesmo tempo, esse lugar era também a Faculdade Estadual da Califórnia do Sul, de onde se vê a Universidade. Eu tinha de escalar até o topo, o que era uma terrível provação. Quando cheguei no alto, olhei para baixo e vi, espalhados pela cidade, prédios do período sumeriano, romanesco, gótico e da Índia antiga. Diante de mim, abria-se um livro grande e bem encadernado, lindamente ilustrado com detalhes arquitetônicos desses prédios, frisos e esculturas. Acordei aterrorizada com a altura da torre.[14]

Em sua interpretação, Wheelwright lembra que o zigurate sumeriano era considerado o centro do mundo, bem como o eixo que ligava o céu e a terra. No sonho, é uma imagem do Self. A sonhadora deve por certo atingir um nível muito mais elevado de consciência antes de poder morrer, assim como deve ter um vislumbre dos grandes aspectos históricos impessoais da psique, dos valores do inconsciente coletivo e dos processos seculares na história do desenvolvimento da mente humana. Na Suméria, no topo do zigurate, a deusa (personificada pela sacerdotisa) celebrava o *casamento sagrado* com seu filho-amante, imagem de uma união de opostos cósmicos. Assim, o primeiro sonho, através de suas alusões, já revela o objetivo final da individuação — o *hierosgamos* —, ainda que este só possa ser deduzido indiretamente da amplificação da imagem do zigurate.

Em geral, há poucos registros na literatura referentes ao tema do casamento com a morte, em casos de mulheres. Provavelmente isso se deve, em primeiro lugar, ao fato de que a literatura que chegou até nós foi, na maior parte, escrita por homens. Mas o tema do animus-morte aparece em algumas obras, como, por exemplo, em "Leonore", de G. A. Bürger:

> *Wie scheint der Mond so hell,*
> *Die Toten reiten schnell,*
> *Feinsliebchen graut dir nicht?*[15]

> [*A lua brilha tão clara*
> *Os mortos passam velozes*
> *Não tens medo, meu amor?*]

O noivo que aparece em "A Morte e a Donzela" de Schubert (op. 73) é um pouco menos lúgubre. Nessa obra, a Morte diz à moça apavorada:

*Bin Freund und komme nicht zu strafen.*

*Sein guten Muts! Ich bin nicht wild;*

*Sollst sauft in meinen Armen schlafen.*[16]

[*Eu sou amigo, não vim para punir-te.*

*Sê corajosa! Não sou selvagem;*

*Em meus braços dormirás suavemente.*]

Finalmente, há também um tipo de conto de fada no qual uma mulher se casa com a morte, personificada num ser humano. Assim, por exemplo, num conto cigano, uma bela jovem vive sozinha. Seus pais, irmãos e amigos morreram. Certa vez, um simpático andarilho chega à sua casa e pede abrigo, pois "em mil anos, só dormiu uma vez". Ele passa uma semana lá e ela se apaixona. Certa noite, ele lhe aparece num sonho, que ela conta para ele. "Você estava tão frio e tão branco, e nós andávamos numa linda carruagem. Você tocou uma grande corneta. Imediatamente, os mortos se aproximaram e o acompanharam, pois você era o seu rei e trajava um belíssimo casaco de raposa." O andarilho responde: "Esse é um péssimo sonho" e comunica que deve deixá-la, "pois faz tempo que no mundo ninguém morre". A jovem o força a revelar quem é. O andarilho diz: "Muito bem, então você tem de vir comigo; eu sou a Morte". A jovem fica tão apavorada que acaba morrendo.[17]

Na história bretã "A Esposa da Morte",[18] Margarethe, uma mulher solitária com mais de 40 anos, casa-se com um desconhecido que repentinamente surge do nada. Ele a leva consigo, obriga-a a deixar o irmão mais jovem, que é também seu afilhado, dizendo-lhe que fosse visitá-la de vez em quando. Eles caminham por muitos meses rumo ao leste e finalmente chegam a uma edificação cercada de altos muros: é o "Castelo do Sol Nascente", sua casa. Lá Margarethe tem tudo o que deseja, mas durante o dia fica sozinha, esperando o marido voltar. O resto da história é sobre as experiências do afilhado, que a visita e acompanha a Morte em seu misterioso trajeto diário no Além. Esse trajeto de um dia, porém, dura 500 anos, de modo que o irmão não pode mais voltar para casa, devendo permanecer para sempre no outro mundo. Ele observa que a Morte, tanto na chegada ao castelo como na partida, esbofeteia Margarethe três vezes. Quando o afilhado lhe pergunta, ela lhe diz que as bofetadas são beijos (!). (É como se no Além os valores afetivos fossem reavaliados, o que condiz com o fato de que alguns povos retratam o reino dos mortos como um mundo invertido, no qual as pessoas ficam de cabeça para baixo.)

Deveríamos também mencionar a figura do grande "pastor cósmico" ou "mestre de esgrima", embora nenhum casamento seja mencionado. No martirológico conhecido como *Passio Perpetuae et Felicitatis*, essa figura aparece num sonho em que oferece à condenada Perpétua uma comunhão de queijo e leite e, num segundo sonho, maçãs douradas.[19] Ela não se casa com ele, pois, como já mencionamos, a incidência do tema do casamento com a morte é menos frequente no caso das mulheres.

O simbolismo do casamento com a morte foi ricamente elaborado na antiga Pérsia, tendo sobrevivido até o misticismo persa medieval.[20] Nessa tradição cultural, cada indivíduo encarnado na terra possui um anjo da guarda no céu (geralmente sem saber) – sua *daena*, filha da Sophia cósmica (Spenta Armaitti).[21] A *daena* é seu *alter ego* celeste, sua *imago animae*, o espelho da sua fisionomia terrena. *Ela é feita de suas boas ações*, que se originam de sua imaginação ativa, ou seja, de seus bons pensamentos. Quando um homem morre, ela aparece como uma linda jovem que o encontra na Ponte de Chinvat no Além, e o acompanha até o outro lado.[22] Na verdade, ela é o próprio "órgão visionário da alma", "a luz que a alma emite e que permite ver".[23] Nesse sentido, ela é a *religio* dos mortos. Ela se revela a estes como sua própria fé, no sentido de que "foi ela que (os) inspirou, [...] foi para ela que (eles) responderam e foi ela que (os) guiou, (os) confortou e que agora (os) julga".[24] Ela é também a "imagem" que eles estavam destinados a se tornarem; ela é glória, vitória e destino. Ela é o aspecto eterno no homem mortal.[25]

Esse aspecto arquetípico da anima da morte também se encontra em sonhos e visões de homens contemporâneos, que vivenciam a anima como um demônio que arranca a pessoa moribunda da vida ou como bem-vinda amante que a transporta para um mundo melhor. O sonho seguinte, de um homem que morreu de um ataque cardíaco repentino três semanas depois, é um exemplo do aspecto demoníaco. Esse homem teve um casamento infeliz, mas tentou por toda a sua vida mantê-lo segundo os padrões cristãos convencionais. Este é o sonho:

Ele estava numa igreja ao lado da mulher – aparentemente para casar de novo ou reconfirmar o casamento. Mas à sua frente erguia-se uma parede branca, vazia. O oficiante era alguém que ele conhecia na realidade, um homem bastante decente, porém neurótico e depressivo. De repente, uma lindíssima cigana entrou em cena, amarrou o padre com cordas e começou a puxá-lo para fora. Ao mesmo tempo, ela olhou para o sonhador com olhos inflamados e lhe disse: "E quanto a você, já estou perdendo a paciência".[26]

Como dissemos, logo após esse sonho o homem morreu. Sua *anima* estava zangada porque ele não a amou e suprimiu por completo seu Eros em nome da convenção. Ela então tornou-se um demônio da morte, assim como a figuração grega em que esta aparece como um ser feminino com forma de pássaro (a metade superior sendo humana), a terrível *keres*, que levava para o Hades a alma dos mortos.

Mas esse mesmo tema costuma aparecer num ambiente mais alegre. Outro homem relativamente jovem, que veio a falecer repentinamente devido a uma parada cardíaca enquanto esquiava, relatou o penúltimo sonho que teve, duas semanas antes de morrer:

Numa festa de família, ele encontra uma mulher e imediatamente sabe que ela é *a* mulher para ele, embora nunca a tivesse encontrado na vida exterior. Ela é muito atraente fisicamente, mas é mais do que isso. Ele sente que ela personifica os requisitos básicos para um relacionamento, que ela é independente dele e ao mesmo tempo extremamente íntima. Aonde quer que vá, ela lhe oferece a mão e, obviamente, gosta da sua companhia, mas nisso tudo não há nada de forçado. [...] Eles vão juntos a uma loja na cidade e cada momento que passam juntos é de pura alegria.[27]

Barbara Hannah nota com razão que esse encontro com a anima não alude necessariamente à morte; mas analisado após o evento, percebe-se que o tema do casamento com a morte está sugerido no sonho.[28] Foi esse o caso de Sócrates, que na prisão sonhou com uma mulher radiosamente alva. Ele compreendeu a imagem como o anúncio de sua morte. Essa relação entre morte e Eros era bem conhecida na Grécia antiga. Artemidoro dizia que sonhar com um casamento pode significar morte, pois ambos "são encarados como momentos críticos da vida e um sempre sugere o outro".[29] Eros, Hypnos (sono) e Thanatos (morte) são irmãos frequentemente intercambiáveis na iconografia, e a tumba ou sepultura ocasionalmente é chamada *thalamos* (câmara nupcial).[30]

Uma reminiscência dessas antigas concepções pode muito bem ter sido preservada no belíssimo poema romeno "Balada de Mioritza", no qual dois homens invejosos planejam assassinar um belo pastor porque este é mais corajoso e dono de rebanhos maiores. O pastor tem uma ovelha leal e clarividente que lhe conta o que vai acontecer. Ele então diz para a ovelha: "Enterra-me na minha terra, com meus pertences, e põe flautas em minha sepultura, que o vento há de fazer soar. Não contes aos rebanhos que fui morto". Diz apenas:

*Que j'ai épousé*
*Reine sans seconde*
*Promise du monde*
*Qu'à ces noces là*
*Un astre fila;*
*Qu'au dessus du throne*
*Tenaient ma couronne*
*La Lune, en atours*
*Le Soleil, leur cours,*
*Les grands monts, mes prêtres*
*Mes témoins, les hêtres*
*Aux hymnes des voix*
*Des oiseaux des bois.*
*Que j'ai eu pour cierges*
*Les étoiles vierges*
*Des milliers d'oiseaux*
*Et d'astres flambeaux.*[31]

Esse é o casamento com a morte, a união da alma com o universo, com a *anima mundi* no ventre da natureza. O pastor faz então seu pedido à ovelha: que diga para sua mãe, caso esta o procure, que simplesmente se casou com uma rainha, e nada mais. Sua intenção é poupá-la e não dar garantias de que voltará a viver neste mundo. O pastor retornou à grande mãe, à Natureza. A maioria dos intérpretes considera que esta balada é sobre um homem morto e sua incorporação à totalidade da natureza. Mas seria mais acurado compreendê-la como um casamento com a anima, com a dimensão cósmica da psique inconsciente.

Há uma canção folclórica ucraniana que contém o mesmo tema, embora de forma simplificada. Nessa canção, um guerreiro à beira da morte diz a seu cavalo:

> *Relincha bem alto!*
> *Aí vem minha velha mãe.*
> *Não lhe contes, meu corcel,*
> *Que morri assassinado,*
> *Conta-lhe, corcel meu,*
> *Que conquistei*
> *E tomei uma noivinha —*
> *A cova no campo aberto.*[32]

E numa canção folclórica turca, o morto diz a seus pais:

> *[...] Ontem eu me casei*
> *Ontem à noite bem tarde.*
> *A Mãe Mundo é minha noiva;*
> *Minha sogra é a sepultura.*[33]

Como sabemos, a anima num homem está intimamente ligada à imago materna, e é por essa razão que a noiva da canção é também a "Mãe Mundo" – uma *anima mundi* ao mesmo tempo mãe e noiva para o morto.

Na Grécia antiga, como já foi mencionado, a câmara mais recôndita da sepultura se chamava *thalamos* (câmara nupcial); os muros das tumbas etruscas eram decorados com cenas dionisíacas muito coloridas, cenas de danças, música e festas, como nas celebrações nupciais. A cultura egípcia, tão rica em suas imagens, usava o mesmo tema. As tampas e o fundo dos caixões eram quase sempre pintados com representações de Nut, a deusa do

**Fig. 7** – Núpcias fúnebres. Nut, a deusa do céu, está deitada no fundo do caixão, abrindo os braços para a múmia, encimada pela Bá do falecido.

céu, para que o morto repousasse literalmente em seus braços; ou então, Ísis era retratada no lado externo da tampa e Néptis na face interna. Nas "Horas de Vigília de Osíris", o pranteador se dirige ao morto na quinta hora, dizendo o seguinte:

> Levanta-te, meu senhor (assim fala tua mãe Nut); repara que venho para proteger-te, tua mãe desfralda o céu sobre ti [...] Deixo teu corpo mais belo que o dos (outros) deuses. Alço teu trono acima daquele dos transfigurados.[34]

Para a sétima e a oitava horas do dia, a liturgia é a seguinte:

> Ó Osíris, o Primeiro do Oeste. Tua irmã Ísis vem em tua direção, exultante de amor por ti, e te circunda com sua magia protetora. Tua irmã Néptis vem em tua direção. [...] Ambas te protegem.[35]

E na décima segunda hora:

> Levanta-te, meu senhor! Ó quão belos são teus membros! Ó quão bondosa é esta mulher para tua *ka*! Ó quão belo é teu repouso! Ó tu, ser vivente, tuas companheiras te envolvem num abraço.[36]

E finalmente, na décima hora noturna:

Ó Osíris, o Primeiro dos Ocidentais, Ísis te cura, Néptis te abraça. Tu és o magnífico deus junto a elas e possuis o que elas te dão.[37]

O misticismo natural da "Balada de Mioritza" provém de antiquíssimas ideias originárias da Ásia e posteriormente disseminadas por toda a bacia mediterrânea oriental (Creta, Chipre, as Cícladas, o território minoico etc.). Em muitas sepulturas dessas regiões, encontramos a imagem da "grande deusa" ladeada por pombos, touros, cobras etc. Os mortos são colocados sob sua proteção para o renascimento da vida. Na Idade do Bronze, como já foi mencionado, os cadáveres costumavam ser depositados em *pithoi* (grandes recipientes para armazenamento), no interior dos quais, como sementes de trigo, aguardavam a ressurreição. Há vasos cipriotas que trazem a imagem de um casal, que poderia perfeitamente representar o falecido e sua companheira ou o *hierosgamos* de um casal divino. As pombas que o acompanham representam o poder da grande deusa do amor.[38] O tema do *hierosgamos* associado à morte, em termos psicológicos, faz parte de um mundo em que prevalecem a grande deusa, ou deusa mãe, e o princípio feminino de Eros. Já o mesmo tema parece ser menos importante em culturas guerreiras ou patriarcais.

## Capítulo 4

# A PASSAGEM ESCURA PARA O NASCIMENTO E O ESPÍRITO DE DESALENTO

A imagem de uma passagem escura e estreita para o nascimento também faz parte do conjunto de temas arquetípicos que antecipam o curso da morte. No texto de Komarios, a produção de ouro, ou da "pedra dos sábios", era representada como algo que resultava de uma gravidez ou como o nascimento de uma criança. Esse é um *leitmotiv* que atravessa séculos de tradição alquímica.

No texto de Komarios, há outro tema análogo à imagem de nascimento: a sugestão de que os adeptos deveriam tratar seu material como um pássaro que "choca seus ovos [...] em temperatura branda". Essa é uma ideia recorrente nos textos alquímicos. Desde o princípio dos tempos, o homem sempre se perguntou, fascinado, como é que um ovo, que se aberto contém apenas substâncias "mortas" semilíquidas, pode produzir um ser vivo, bastando para isso ser aquecido, sem interferência de qualquer agente externo. Os alquimistas comparavam a produção de sua pedra a esse "milagre".

O *I Ching*,* livro oracular chinês, oferece um paralelo que me parece digno de nota. Trata-se da descrição de uma condição temporal denominada Chung Fu, "Verdade Interior". Richard Wilhelm comenta: "O ideograma *fu* ('verdade') é de fato a imagem de um pássaro colocando a pata sobre um filhote. Isso sugere a ideia de chocar. Um ovo é oco. O poder da luz deve animá-lo de fora para dentro, mas deve haver um germe de vida no interior, para que a vida seja despertada".[1] Analogamente, e neste caso sem a menor transferência cultural, o alquimista Gerhard Dorn (século XVI) denominava a alma mais recôndita, o Self do homem, de "verdade interior", e encarava o trabalho alquímico como equivalente a "chocar" essa verdade para que ela emanasse da matéria física.

O simbolismo do nascimento é elaborado de forma muito intensa e especial na liturgia fúnebre dos egípcios. Na Rubrica 170 do Livro dos Mortos, lê-se o seguinte: "Sacode a terra de tua carne; tu és Hórus em seu ovo".[2] Ou na Rubrica 85: "Eu sou o Elevado, Senhor de Ta-Tebu; meu nome é Menino na Praça, Criança no Campo".[3] Ou então: "Eu sou ontem. Meu nome é

---

\* *I Ching – O Livro das Mutações* (São Paulo: Pensamento, 1984).

Aquele que Viu Milhões de Anos. Sou o Senhor da Eternidade. [...] Sou o que está no Olho Udjat, sou o que está no ovo [...] com ele me é dada a vida".[4] Ou ainda: "Eu penetro no mundo do qual saí, depois de ter contado (renovado) meu primeiro nascimento".[5] É verdade que essa última rubrica diz respeito ao deus-Sol, mas cada morto repete o destino do Sol e, como ele, renasce criança e é chocado e nasce como um pássaro.

Até o presente, só uma vez tive ocasião de ouvir mencionado esse tema do nascimento no sonho de uma pessoa próxima da morte. Trata-se de uma senhora de 74 anos que morreu de metástase de um carcinoma. Ela teve o sonho apenas duas semanas antes de falecer. Na véspera, ela havia passado mal, mas mesmo assim se esforçava por organizar um pouco sua situação exterior. Em consequência, teve dolorosas cólicas estomacais e logo a seguir sonhou o seguinte:

> Ela estava deitada sobre a boca de um tubulão de cimento de mais ou menos um metro de diâmetro, cuja borda superior pressionava seu estômago, causando-lhe muita dor. O tubulão estava fincado na terra. Ela sabia que tinha que atravessá-lo de cabeça e sair intacta numa outra terra.

Ao despertar, sua associação a "outra terra" foi "uma terra de anões e espíritos", com a qual ela já havia sonhado.

Parece-me que esse sonho expressa o seguinte: o tubulão se configura como uma passagem para o nascimento, levando a outra forma de existência. A sonhadora devia atravessá-lo de cabeça, como um bebê quando nasce. No momento, porém, ela está atravessada sobre ele, porque ainda se encontra presa às preocupações deste mundo e resiste à passagem escura. A terra para onde ela deveria ir através desse nascimento é a "terra dos anões e espíritos" – psicologicamente, o inconsciente coletivo, que de fato sempre esteve e ainda está "abaixo" do nosso mundo da consciência, mesmo se não o percebemos.

Os médicos Raymond Moody[6] e Michael Sabem,[7] assim como o teólogo Johann Christof Hampe,[8] também relatam em seus respectivos trabalhos situações em que aparece o tema da "passagem".[9] Eles lidam com casos de parada cardíaca, em que os pacientes são artificialmente "trazidos de volta à vida". A maioria desses pacientes descreve experiências muito felizes, mas devendo antes passar por algo como um rápido *black-out*,[10] ou um vale escuro ou um túnel, antes de chegar a um novo estado de existência. Uma mulher clinicamente morta, reanimada por uma injeção de adrenalina, descreveu sua experiência nos seguintes termos:

> Eu flutuava num longo túnel, que de início parecia estreito mas depois foi se alargando. Acima ele era vermelho-escuro e, à minha frente, azul negro. Quanto mais para cima eu olhava, mais luminoso ele ficava. A sensação de não ter peso era maravilhosa.[11]

Outro caso:

> Eu me encontrava novamente no interior de um túnel escuro e espiralado. Na extremidade, que era muito estreita, eu via uma luz brilhante.[12]

Obrigados a voltar à vida por meio de recursos médicos, alguns desses pacientes relataram que tinham de voltar para trás pelo mesmo túnel que já haviam atravessado.

Pode-se também sonhar com a morte de *outra* pessoa como uma partida através de algum obstáculo desse tipo. Uma mulher teve o seguinte sonho antes da morte de seu pai:

> Estou numa estação subterrânea e, de repente, descubro meu pai no meio das pessoas que esperam o trem. Ele passa por mim e parece não perceber que estou lá. Ele usa um terno azul-marinho e está muito bem, um pouco mais magro. Vou atrás dele, mas a enorme distância entre nós permanece sempre a mesma, quer eu ande mais rápido ou mais devagar. Não dá para alcançá-lo. De repente eu o vejo desaparecer diante de uma parede brilhante no fim do túnel. Ele atravessa a parede e no lugar onde estivera aparecem umas pequenas coisas que não consigo reconhecer à distância. Aí encontro minha mãe. Ela diz que viu meu pai desaparecer e que naquele lugar vários coelhos saíram da parede. Eu digo a ela que coelhos são símbolos de

fertilidade e que acho muito significativo pensar que a morte também é fértil.

O sonho fala por si só. Os coelhos indicam que a morte do pai proporcionará à sonhadora um crescimento psicológico.

Às vezes a morte é descrita nos sonhos não como túnel ou passagem, mas como uma mancha escura que se espalha e paira sobre o sonhador, ou como uma nuvem que oblitera por completo qualquer visão do mundo exterior. O último sonho de uma mulher, cujo caso foi apresentado por David Eldred em sua dissertação, contém o tema da resistência a essa escuridão, pois ela tinha de fazer um grande esforço para não cair num calmo e profundo lago no topo de uma montanha.[13] Esse deve ser, também, o medo do *black-out* no momento da morte ou, num plano mais profundo, o medo de tornar-se inconsciente e perder a identidade do ego.[14]

Acometida por uma doença incurável, uma jovem, que inesperadamente veio a falecer durante uma intervenção cirúrgica, teve o seguinte sonho antes da fatal operação:

> Eu me encontro à beira de um lago, com meu marido e alguns amigos. O lago é muito profundo e a água é clara, transparente, limpa e azul. De repente, vejo um pássaro preto no fundo do lago; ele está morto. Sinto um grande pesar e tenho vontade de mergulhar e salvá-lo. Não suporto a ideia de que esteja morto. Meu marido, com carinho, mas

muito firme, intervém e me pede para não fazê-lo, porque, diz ele, está certo do jeito que está. Eu olho mais uma vez para o fundo do lago e vejo o olho do pássaro: é um diamante que brilha muito. Então eu acordo.

O pássaro morto é, por certo, o extinto espírito vital do corpo que a sonhadora deve abandonar, para não ser contaminada pelos poderes de dissolução da morte. Ela deve livrar-se do corpo que está morrendo, mas ao mesmo tempo olha para o olho de diamante do pássaro. O diamante (de *adamas*, "invencível") é uma variante alquímica do Self enquanto núcleo indestrutível da personalidade.

Aquela mulher que desenvolveu uma imaginação ativa sobre uma flor, já comentada aqui, teve o seguinte sonho, o último de sua vida:

> Seu olho estava com uma mancha preta. Se essa mancha atingisse o centro do olho, ela sentiria uma breve dor aguda, mas a Sra. X a ajudaria a suportá-la.

Essa mancha preta – como depois ficou evidente – era a morte, que "escurece" os olhos, ou seja, acaba para sempre com a visão do mundo exterior. A mulher que teve esse sonho respeitava muito a Sra. X, alguém com mais conhecimento psicológico que ela, de modo que nesse caso ela representa o Self, que a ajuda na dolorosa passagem.

É comum encontrarmos, na literatura da Antiguidade, a escuridão indefinida como imagem da morte. Os gregos imaginavam *thanatos* ("morte") como uma nuvem negra ou vermelho-púrpura, ou como uma neblina que escurece a vista.[15] (*Thanatos* é mais impessoal do que aqueles demônios fatais e pessoais da morte, chamados *keres*, que levam embora o moribundo.) *Thanatos* raramente aparece personificado; quando isso ocorre, é como um homem alado, de barbas, sério, que carrega o moribundo nos braços de forma amistosa.

Essa mesma mancha negra aparece num sonho relatado por Mark Pelgrin, de uma mulher que logo em seguida veio a falecer:

> Parece que acordo e vejo um círculo colorido que é lançado sobre a cortina da janela de nosso quarto. [...] Ando com o maior cuidado em torno desse círculo, que parece negro, porque senão posso cair nele. Evidentemente, é um fosso, o buraco negro.[16]

O círculo é uma imagem do Self; no sonho ele é colorido, isto é, cheio de vida, mas fica preto quando a sonhadora se aproxima, como um buraco negro que ela ansiosamente preferia evitar. Paradoxalmente, a aproximação do Self ao mesmo tempo ocasiona atração e medo. Portanto, em última análise, o medo da morte é o medo do Self e do confronto íntimo e final com ele.

Uma pessoa teve o seguinte sonho, pouco antes de morrer:

> Vejo um quadrado preto no meio de um quadro. É uma espécie de arca medieval, da qual emanam raios de luz vermelha. Esses raios apontam para o céu, pintado de amarelo e azul bem suaves, com um sol radiante (no canto superior direito do quadro).

Essa arca lembra um caixão, lugar do sono final. Mas dela saem raios de luz, ou seja, símbolos de iluminação súbita, que apontam para um céu azul-claro – imagem comum do Além – e para o sol, símbolo da fonte cósmica da luz da consciência. Os raios também lembram o conceito de Orígenes, de ressurreição como *spintherismos*, uma emissão de centelhas do cadáver, a alma deixando o corpo morto. Na tradição islâmica, os mortos devem atravessar a Ponte Sirat, "mais fina que um fio de cabelo, mais afiada que uma espada e mais escura que a noite", mas os piedosos "chegam lá tão depressa quanto um raio".[17] A arca do sonho mencionado acima me parece ser uma variante da passagem escura.

A passagem escura muitas vezes é direta e concretamente reproduzida na arquitetura dos sepulcros. Emily Vermeule observa que os túmulos micenianos representam um modelo da geografia geral da terra dos mortos (Hades). Primeiro há uma passagem descendente (*dromos*), depois uma abertura estreita (*stomion*, "boca") e então a câmara mortuária, alta e ampla (*thalamos*, "câmara nupcial").[18] Esta última é como um útero na terra, no qual os mortos penetram para aguardar o renascimento.

As tumbas em forma de poço, encontradas em muitas áreas arqueológicas, podem ter uma íntima ligação com o símbolo da passagem escura para o nascimento. Esse símbolo, que em essência indica uma *experiência* puramente *psíquica* de confinamento temporário, de medo, de escurecimento, mistura-se assim, de modo arcaico, com a ideia de túmulo ou caixão no plano concreto.[19]

No Egito antigo, os túmulos também eram construídos como cavernas, nas quais um processo de renascimento ocorre no lençol freático. O túnel do sepulcro de um rei chamava-se "caverna de Sokar", o lugar mítico do rejuvenescimento e renascimento dos mortos.[20] Em várias partes da África, os mortos ainda hoje são enterrados agachados ou em posição fetal.[20a] Entre os Zulus, por exemplo, a viúva do falecido recebe o corpo deste no colo, ao pé da sepultura, depositando-o em seguida num nicho chamado "umbigo". Ela coloca sementes em suas mãos (!), que o prepararão para o renascimento. Depois de um certo tempo, o corpo é trazido de volta para a aldeia como "espírito dos ancestrais",[21] para que propicie fertilidade e proteção aos vivos.

Os índios Hopis, da América do Norte, acreditam que a alma dos mortos atravessa um pequeno orifício quadrado, chamado Sipàpu, que leva a um conjunto de edificações denominado Kiwa. Essa cavidade tem a conotação de espaço sagrado e lugar de origem, a abertura através da qual a tribo Hopi saiu das profundezas para a superfície do mundo.[22]

O "obscuro evento do nascimento", enquanto experiência psíquica, é descrito no texto de Komarios, ao qual agora retornamos:

> Observai o mistério dos filósofos; em nome desse mistério, nossos antepassados juraram não revelá-lo nem propagá-lo, pois ele tem forma divina e efeito divino. É divino porque, uma vez unido à divindade, ele torna mais perfeitas as substâncias através das quais os espíritos são encarnados e os mortos reanimados, recebendo (novamente) o espírito (*pneuma*) que deles saiu, e que assim é conquistado, e eles (corpo e espírito) conquistam-se um ao outro. Pois o espírito escuro é tão cheio de futilidade (*mataiotes*) e desalento (*athymias*) que os corpos não podem ficar brancos nem receber a beleza e a cor que recebiam do criador (pois o corpo, a alma e o espírito são enfraquecidos pela crescente escuridão).[23]

A escuridão inicial do Além (Hades) é aqui denominada espírito de futilidade (*mataiotes*) e espírito de desalento (*athymias*). Essa é uma condição de profunda depressão, um sentimento de total falta de sentido.[24] Na Grécia antiga, designava-se *Thanatos*, a "morte", como *thymoraistes*, "aquele que abate o *thymos*". *Thymos* é o impulso vital, ou coragem de enfrentar a vida. Kübler Ross descreveu essa depressão em muitos casos de pessoas à beira da morte, aparecendo, é claro, antes do verdadeiro fim.[25] Na minha opinião, sua finalidade é desligar do mundo exterior a consciência do moribundo, pois na depressão esse mundo é vivenciado como fútil, sem sentido, irreal. No sonho citado acima, os olhos é que são afetados pela neblina escura, já que devem ser compreendidos como símbolos da visão que se tem do mundo exterior, que agora deve cessar, em favor de uma completa reversão às imagens *interiores*. O espírito de desalento advém do fato de que o ego ainda olha demais para fora, para o mundo visível, e ainda não vê suficientemente a "realidade da alma". Christa Meves relata o sonho de uma mulher sem religião alguma, que sempre teve uma atitude racional e materialista diante do mundo. Seu sonho deixa claro esse espírito de falta de sentido:

> Estou no meio de um pátio fechado, muito confusa. Não há saída. De um lado estão uns lixeiros, que dizem que posso sair de lá porque aquilo é uma máquina de desmontar automóveis. Outro homem acha que há uma porta giratória através da qual ele poderia me tirar de lá. Mas tenho medo que seja uma armadilha, de modo que permaneço no pátio e ando em círculos ao longo dos muros. Eu me comporto como os demais, como um pedestre, mas por dentro sou torturada pelo medo de não poder encontrar minha casa.[26]

Como essa mulher conscientemente não reconhecia valores interiores ou espirituais, ela era idêntica a seu corpo. Mas como diz o sonho, o corpo vai para o lixo. (Nos sonhos contemporâneos, um automóvel frequentemente simboliza o corpo, ou nosso modo habitual de nos movermos no mundo exterior.) A sonhadora tem medo de passar pela porta giratória, que neste caso substitui o túnel usual. É curioso notar que se trata de uma porta *giratória*: se tentasse passar por ela, a porta giraria cerca de 180 graus em torno do eixo. Portanto, aconteceria uma *reviravolta* se ela tivesse a necessária confiança para acompanhar o homem que lhe oferece ajuda. Mas ela acha que é uma armadilha; quer dizer, assim como tanta gente, ela pensa que as tradições religiosas são apenas o "ópio do povo" ou sonhos que realizam desejos. Em consequência, ela é sempre escrava do espírito de futilidade e fica sempre girando no mesmo lugar, num infeliz círculo vicioso. Essa imagem lúgubre lembra algumas das experiências relatadas por Moody, nas quais seus informantes alegam ter passado certo tempo numa espécie de região "intermediária", por onde sombrios espíritos dos mortos vagueiam a esmo:[27]

> A parte que parecia ser a cabeça estava caída; tinham uma aparência triste e deprimida; parece que arrastavam os pés. [...] Estavam descoloridos, opacos, cinzentos. A impressão é que ficavam eternamente arrastando os pés e andando de um lado para o outro, sem saber para onde iam, ou a quem deveriam seguir, ou o que procurar. [...] Pareciam [...] completamente desnorteados, sem saber quem ou o que são. É como se tivessem perdido por completo a noção do que são, de quem são – sem o menor traço de identidade.[28]

Esse lúgubre quadro da vida após a morte, muito mais do que as "experiências de luz" também descritas por Moody,[26] coaduna-se com histórias de todas as partes do mundo nas quais aparecem assombrações, fantasmas e espíritos dos mortos. Da mesma forma, em nossa experiência com sonhos, o Além do inconsciente raramente é representado por belas imagens. Com a mesma frequência, os sonhos também apresentam cenas opressivas. O que parece decisivo é o grau de maturidade psicológica da pessoa antes da morte e a questão de ela ter ou não desenvolvido uma relação com o Self.

A reviravolta é descrita de modo mais animador no sonho de uma senhora idosa relatado pelo Dr. Jay Dunn:[29]

> Ela vê uma vela acesa no parapeito da janela do seu quarto no hospital e percebe que de repente a vela se apaga. Envolvida pela escuridão, ela sente medo e ansiedade. Subitamente, a vela acende sozinha do outro lado da janela e ela acorda.[30]

A paciente morreu nesse mesmo dia, completamente em paz. A passagem, nesse sonho, contém um elemento de medo e ansiedade momentâneos. De algum modo, a vela atravessa a janela fechada e passa para o outro lado, como se tivesse se desmaterializado, materializando-se em seguida em outro lugar. O momento de depressão e medo é bastante breve nesse caso, mas em alguns sonhos dura muito mais.

A passagem obscura é representada em outros sonhos como uma jornada para o Oeste, para o lugar do sol poente. Não é só no difundido hábito de sepultamento naval, no qual o corpo é lançado ao mar num bote, que a morte é concebida como jornada até uma terra desconhecida, geralmente situada no Oeste.[31] Na minha experiência, a imagem da jornada nos sonhos é também o mais frequente símbolo da aproximação da morte. Com efeito, é tão frequente que será abordado aqui apenas brevemente.

Uma senhora de idade avançada, por exemplo, sonhou o seguinte pouco antes de morrer:

> Arrumei duas malas, uma com minhas roupas de trabalho e outra, própria para longas viagens, com minhas joias, meus diários e fotografias. A primeira é para o Continente, a segunda para a América.[32]

Para o outro lado (a Terra Ocidental) ela não pode levar sua atitude cotidiana (suas roupas de trabalho), mas sim seus tesouros psíquicos interiores.

Esse tema também aparece num caso relatado por Whitmont, de uma mulher desenganada que sonhou:

> Encontrei meu marido, que me disse estar tudo bem e que eu não precisava me preocupar. Despedi-me dele e então percebi que estava à beira-mar. A praia estava deserta e escurecia; não havia nada no mar, a não ser algumas barcaças.[33]

**Fig. 8** – O nascer do sol, gravado num pilar *djed* (com o hieróglifo de "duração" e uma imagem de Osíris). Para os egípcios, o sol simbolizava a mais elevada forma de consciência; ao mesmo tempo, o nascer do sol representava a ressurreição.

O tema da jornada aparece de forma altamente elaborada no culto egípcio dos mortos, no qual as almas *bau*[34] dos bem-aventurados completam sua jornada na barca do deus-sol. A viagem para o Além acompanha o curso do sol. Ela começa com uma descida ao mundo subterrâneo, até a "caverna de Sokar", e depois de várias áreas obstruídas atinge o Leste, onde o morto, juntamente com o deus-sol, volta à vida, rejuvenescido. Ele então deixa sua múmia no mundo subterrâneo e em sua forma *ba* acompanha o deus-sol, que renasceu no Oriente. O sol, enquanto alvo da trajetória dos mortos, também aparece no sonho já mencionado da arca negra. Ele simboliza a mais alta forma de consciência e alvo do processo de individuação. O sepultamento espacialmente orientado, típico de várias culturas antigas ou atuais, também sugere essa mesma ideia, ou seja, a ressurreição é ao mesmo tempo algo como um novo nascer do sol.

Essa comparação entre o curso do sol e o mistério da vida e da morte teve no Egito um desenvolvimento especialmente rico. Para os egípcios, o sol era a garantia de toda e qualquer ordem. Nas palavras de Brunner, "a noite, a escuridão e a morte são portanto perigosas para o homem, porque pertencem ao mundo que precede a criação e lhe é exterior, sendo assim exteriores à ordem. Nessa não ordem, que o egípcio simplesmente denomina não ser, a vida humana não é possível, assim como não o é sem o sol".[35] Era portanto o sol "que os egípcios reverenciavam com a maior seriedade e com enormes esforços materiais e intelectuais, por ser o símbolo da nova vida após a morte".[36]

Desse modo, psicologicamente encarado, o sol é um símbolo da fonte da consciência.

O significado cósmico, digamos assim, do ato de tornar-se consciente ficou claro para Jung durante sua viagem à África:

Nessa época, compreendi que, desde os primórdios, um desejo de luz e uma irreprimível necessidade de sair das trevas primitivas habitam a alma. Quando a noite chega, tudo adquire um toque de profunda melancolia e cada alma é tomada por uma inexprimível nostalgia de luz. É esse o sentimento oculto que se pode detectar nos olhos dos primitivos, como também dos animais. Há nos olhos dos animais uma tristeza, que nunca se sabe se está ligada à sua alma, ou se é uma comovente mensagem que nos diz algo a partir dessa forma de existência ainda inconsciente. Essa tristeza também reflete o estado de espírito da África, a experiência de sua solidão: mistério maternal, essas trevas primordiais. É por isso que o nascer do sol adquire para os nativos um significado tão poderoso. O *momento* em que a luz surge é Deus. Esse momento redime e libera. Dizer que o *sol* é Deus equivale a confundir e esquecer a experiência arquetípica daquele momento. "Estamos felizes que a noite, quando vagueiam os espíritos, agora passou", os africanos dizem – mas isso já é uma racionalização. Na verdade, uma escuridão distinta da noite paira sobre a região. É a noite psíquica primordial, a mesma hoje como há milhões de anos. A nostalgia de luz é a nostalgia de consciência.[37]

Para o egípcio, participar da vida do sol era participar também do processo gradual de tornar-se consciente, e da evolução da cultura.

Esse significado da luz está por trás do difundido costume de acender velas (tochas, na Antiguidade) em câmaras mortuárias, tumbas e sepulturas. É um tipo de magia analógica,[38] por meio da qual os mortos terão vida nova e poderão despertar para uma nova consciência.

Capítulo 5

# MORTE, O "OUTRO" SINISTRO OU BENÉVOLO

A aproximação da morte muitas vezes é representada, nos sonhos, pela imagem de um ladrão, isto é, por algum desconhecido que inesperadamente penetra na vida de alguém. Um homem de negócios com mais de 50 anos quis certa vez fazer análise comigo, pois sentia-se frustrado em seu trabalho e procurava um sentido mais profundo para sua vida. Seu primeiro sonho foi:

> Ele acorda no meio da noite em sua cama, num quarto escuro que até a metade ficava sob a terra. Um brilhante raio de luz entra pela janela. De repente, ele vê um estranho no quarto, alguém que lhe provoca um pavor tão desumano que ele acorda de fato, molhado de suor.

O primeiro sonho numa análise costuma ser profético, antecipando desenvolvimentos futuros que estariam como que sendo preparados no inconsciente. Não compreendi esse sonho e limitei-me a observar que algo ainda muito estranho e atemorizador queria chegar até ele, algo ligado à luz, isto é, iluminação e *insight*. Após algumas sessões, esse senhor não veio mais; de vez em quando ele me telefonava dizendo que queria muito continuar a análise, mas que estava sobrecarregado de trabalho. Um ano depois, fiquei sabendo que ele estava prestes a morrer de câncer da medula espinhal. O sinistro "intruso" do sonho inicial era certamente a própria morte.

R. Lindner relata um sonho análogo, de um homem que veio a falecer logo depois:

> Chego em casa e fecho a porta do apartamento. Assim que acabo de entrar, tenho a impressão de que alguém está lá dentro. [...] Dou uma olhada em meu quarto e vejo um homem com mais de 60 anos que às vezes eu encontrava no bonde. Ele parece a própria morte. Ele entrou em minha casa como um ladrão. Apavorado, saio correndo, mas como não consigo fechar a porta pelo lado de fora, chamo o vizinho para me ajudar. Mas ninguém responde. Estou só. Volto para casa e o homem sinistro ainda está no meu quarto.[1]

O paciente de Edinger, já mencionado anteriormente, teve sua premonição da morte de modo análogo. Seis meses antes de morrer, ele sonhou o seguinte:

> Estou em casa, mas é um lugar onde nunca estive. Vou até a despensa pegar comida. As prateleiras estão cheias de temperos e especiarias, todos da mesma marca, mas não há nada para comer. Sinto que não estou sozinho em casa. Está amanhecendo, ou então pode ser o luar. Acendo a luz, mas ela vem de outra sala. Algo estala. Não estou só. Queria saber onde está meu cachorro. Preciso de mais luz. Mais luz e mais coragem. Tenho medo.[2]

Essa presença invisível de um sinistro "outro" também se refere à morte.

Kurt Lückel relata um sonho análogo, de uma senhora de 78 anos:

> Ouço alguém bater na porta da frente, e depois numa porta interna. Em seguida, alguém entra em meu quarto, para perto da porta e espera. Não sei dizer se é homem ou mulher. Ele (!) fica perto da porta e não se aproxima, apenas fica lá e espera. Tenho medo. Sinto algo estranho. Grito para ele: "O que você quer de mim? Não volte aqui nunca mais!" [...] Mas não consigo voltar a dormir.[3]

Ao comentar o sonho, ela própria percebeu que esse intruso poderia ter sido "um mensageiro de Deus", isto é, a morte.

Na mitologia de vários povos, a morte aparece como uma figura masculina ou feminina. Edgar Herzog nos apresentou um quadro impressionante das figuras mitologicamente personificadas da morte, demonstrando que os nomes da deusa germânica Hel e da ninfa grega Calypso têm a mesma origem, a raiz verbal indo-germânica *kel*(u), que significa "esconder na terra".[4] Alguns povos primitivos asiáticos conhecem um demônio (às vezes com cara de cão) chamado Kala, plural Kalau, que personifica a morte e a enfermidade.[5]

Com maior frequência, porém, a morte é representada como um lobo ou um cão, mais do que como um "outro" sinistro sob forma humana. Hel, por exemplo, é irmã do lobo Fenris, que corresponde ao Cérbero dos gregos, filho da serpente Equidna.[6] A crendice popular dos alemães e dos suíços preservou lendas nas quais o aparecimento de um cachorro preto prenuncia a morte. Na noite em que sua mãe morreu, sem ter ainda conhecimento do fato, Jung sonhou o seguinte:

> Eu estava numa floresta lúgubre e cerrada. [...] A paisagem tinha uma atmosfera heroica, primordial. De repente, ouvi um silvo penetrante. [...] Meus joelhos tremeram. Em seguida, ouvi um estrondo no mato rasteiro e vi passar correndo um gigantesco lobo, com a ameaçadora bocarra aberta. [...] Velozmente ele passou por mim e de repente

eu sabia: o Caçador Selvagem lhe ordenou que levasse embora uma alma humana. [...] Na manhã seguinte, recebi a notícia da morte de minha mãe.[7]

O Caçador Selvagem, explica Jung, é Wotan, o Mercúrio dos alquimistas. Assim o sonho diz claramente que a alma de sua mãe "foi levada para aquele território mais amplo do self. [...] para aquela totalidade de natureza e espírito na qual conflitos e contradições se resolvem".[8] O cachorro é também com frequência descrito na mitologia como um acompanhante que cura, protege e conduz ao Além.[9] Assim, o deus Anúbis dos egípcios, com cabeça de cachorro ou de chacal, é o agente da ressurreição; e entre os Astecas um cachorro amarelo ou vermelho, Xolotl, traz de volta à vida os cadáveres que se encontram no reino dos mortos. Na Índia, igualmente, Shiva, o destruidor deus da morte, é chamado o Senhor dos Cães. Neha-Lennia, deusa da morte batava, era representada com uma cesta de maçãs (os frutos!) de um lado e um lobo de outro.[10] E Virgílio nos conta na *Eneida* que o cão dos infernos, Cérbero, é na verdade a terra que devora os mortos. Ocasionalmente, pássaros e serpentes também podem representar a morte.

Num impressionante ensaio, no qual interpreta psicologicamente experiências de morte,[11] Liliane Frey relata um interessante caso no qual o "outro" aparece como o *diabo*. O sonhador era um jovem saudável e bem-sucedido, que teve o seguinte sonho durante uma viagem para o Oriente Próximo:

Eu subia, na companhia de um menino, a encosta íngreme de uma campina. Antes de chegarmos à planície logo acima [...] o diabo apareceu pela esquerda. Ele me viu, se aproximou e me disse que logo teria algo a tratar comigo. Eu o encarei com um misto de arrogância e respeito e disse: "Uma coisa eu sei; se esse dia chegar, eu sairei vivo". O diabo riu e disse que eu ainda teria alguns momentos isolados de prazer. Seu rosto era marrom-escuro e ele vestia uma túnica árabe longa e escura; quando ele a esticou, apareceram nas dobras todas as cores imagináveis. Numa de suas faces havia uma mancha vermelho-canela. Parecia um estigma, a marca da aranha negra.[12]

Alguns dias depois, esse rapaz morreu num acidente de avião no deserto árabe. A "aranha negra",[13] como ele próprio observou, indica a "Grande Mãe". Assim, segundo a explicação de Frey, ele na verdade sucumbiu à força superior do inconsciente, isto é, à sua conexão com a Grande Mãe. Se amplificarmos esse sonho um pouco mais, esse diabo, vestido como árabe, lembra certas tradições alquímicas árabes, nas quais a "pedra dos sábios", o Self, aparece inicialmente como um inimigo mortal do adepto. No "Livro de Ostanes", por exemplo, a pedra dos sábios é equiparada a:

Uma árvore que cresce no alto das montanhas (!), um jovem nascido no Egito, um príncipe da Andaluzia que deseja o tormento dos peregrinos. Ele matou seus chefes.

[...] Os sábios não têm poder para combatê-lo. Não existe arma contra ele, salvo a resignação, nem cavalo de batalha, salvo o conhecimento, nem escudo, salvo o entendimento. Se o peregrino se encontrar diante dele com essas três armas, e o matar, ele (o príncipe) renascerá depois da morte, perderá seu poder e o entregará ao peregrino, que assim poderá atingir seu alvo.[14]

Jung elucida essa passagem fazendo referência primeiramente a Enkidu, o oponente ctônico do herói sumeriano Gilgamesh, que surge no início da epopeia como inimigo, mas, depois de derrotar Gilgamesh, se transforma em amigo. "Psicologicamente, isso significa que no primeiro contato com o Self podem aparecer todas aquelas qualidades negativas que invariavelmente caracterizam um inesperado confronto com o inconsciente."[15]

Há outro texto alquímico que também se refere à pedra dos sábios: "Esta pedra provém de um sublime e glorioso lugar de muito terror, que levou à morte muitos sábios".[16] O sinistro "outro", que nos sonhos acima interpretei como sendo a morte, é portanto o próprio Self. Morte e Self – isto é, a imagem de Deus – são de fato indistinguíveis.

No sonho do paciente de Frey, as cores que brilham por entre as dobras da túnica do diabo revelam que, na verdade, a figura do diabo é uma figura de Mercúrio, pois os textos alquímicos referem-se ao espírito Mercúrio como aquele que veste *omnes colores*, todas as cores. A iridescência (*cauda pavonis*) surge no processo alquímico depois da *nigredo* (escurecimento), aqui indicada pelo "diabo", que ainda proporciona "alguns prazeres isolados" – o que significa que ainda haverá vida depois de atravessar a *nigredo*.

O deus da morte Yama, "todo de negro, alto, robusto", ou às vezes um de seus mensageiros, chamados Yamdas, aparece com frequência a pacientes terminais na Índia a fim de levá-los para o Além.[17] Os que cresceram sob a influência da tradição cristã costumam ver anjos nesse mesmo papel.[18] Do ponto de vista psicológico, o ladrão sinistro geralmente é uma imagem da "outra" metade pessoal da alma do moribundo, enquanto nas figuras de Hermes, do diabo, de Yama ou do anjo encontramos algo mais próximo de um símbolo do Self em seu aspecto supra-pessoal. Encarados psicologicamente, esses aspectos se fundem e se sobrepõem e, muitas vezes, num sentido cultural, são descritos de forma bastante variada.

Segundo minha própria experiência, parece-me que o aspecto aterrorizante e sinistro do "outro" aparece especialmente quando o sonhador ainda *não tem uma relação com a morte, ou não a espera*. Basicamente, as figuras da morte personificada (morte, diabo, Yama, Jesus, Hades, Hel etc.) parecem ser apenas *um lado escuro da imagem divina*. Na verdade, é Deus, ou uma deusa, que traz a morte ao homem; quanto menos familiaridade ele tiver com esse lado sombrio do divino, mais negativo será o modo de vivenciá-lo. Todas as grandes religiões sempre souberam que vida e morte fazem parte do mesmo mistério divino que se oculta atrás da existência física do ser humano.

A morte personificada, ou aquele "outro" que vem buscar os vivos, às vezes também aparece nos sonhos como uma figura positiva explícita.[19] Um analisando meu, de mais de 50 anos, teve o seguinte sonho inicial:

> Ele caminhava no campo, a atmosfera era lúgubre e o céu estava nublado. De repente, uma fenda se abriu nas nuvens e, sob um raio de sol, um belo jovem nu o encarava. Ele teve então uma indescritível sensação de amor e felicidade.

Esse sonho me apavorou, porque imediatamente pensei em Hermes, o condutor das almas, descendo e guiando as almas para o Além. Como logo se evidenciou, a saúde desse homem fora arruinada durante a guerra e a análise acabou se tornando uma urgente preparação para sua morte prematura. Hermes é o intérprete e o senhor dos sonhos, o mediador de qualquer contato com os conteúdos do inconsciente;[20] mas nas inscrições etruscas ele é também chamado *turmaitas*, "o Hermes de Hades"!

Durante o período de sua internação no hospital, esse homem (um amigo seu mais tarde me contou) repetia em voz baixa: "O que será que essa indiana bonita quer de mim?". Aqui a anima tornou-se o guia,[21] como também no sonho mencionado antes. Para um europeu, "indiano" significa algo exótico, misterioso, difícil de compreender. Um aspecto ainda desconhecido de sua própria alma se apresenta ao homem que vai morrer para conduzi-lo ao outro lado. Não importa se essa figura é masculina ou feminina, anima (para a mulher, animus) ou Self. Em cada caso distinto, ela tem algo a ver com uma personificação do inconsciente ainda não conhecido. É por essa razão que a morte aparece como homem ou mulher nas diferentes mitologias. Como já foi mencionado, os antigos persas acreditavam que, no Além, o moribundo deve em primeiro lugar atravessar a Ponte Chinvat. Para os maus, a ponte tem a largura de um fio de cabelo; assim eles caem no mundo dos demônios. Entretanto, um menino, ou mais comumente uma menina de 15 anos, ajuda os bons na travessia. Henri Corbin já elucidou o sentido dessa figura.[22] Ela equivale à *xvarnah* persa – palavra que significa algo como "radiância" pessoal ou "destino". A *xvarnah* é também o "órgão visionário da alma", a luz que permite a visão e que pode ela própria ser vista, a visão do mundo celestial vivida como religião e fé, portanto a individualidade essencial, o "ego" transcendental e terreno. Ela é também a "imagem" formada antes do nascimento e que será buscada durante a vida. Ela é a duração da vida (o *aion*) e a eternidade de um homem. Se o falecido traiu essa "imagem", ele cai da Ponte de Chinvat e se perde no Abismo dos demônios.[23]

Ideias análogas podem ser encontradas no maniqueísmo. O próprio Mani recebeu suas revelações através de um anjo do *al taum* (o gêmeo), portanto seu *doppelgänger*, que era o mediador, o paracleto.[24] Segundo seus ensinamentos, a alma do morto contempla a imagem de seu "mestre". "No momento em que a alma se desprende do corpo, ela vê seu salvador e redentor. Ela então ascende, acompanhada pela imagem de seu mestre e de três anjos, passa pelos Juízes da Verdade e alcança a vitória."[25] O "mediador é uma figura de luz, uma imagem externa do espírito cósmico. A alma penetra, então, na 'câmara nupcial' da luz".[26]

Esse *doppelgänger* companheiro, ou imagem do Self, pode ser experimentado em vida, no êxtase místico. O místico islamita Ibn'Arabi, por exemplo, teve uma visão em que o duplo apareceu como um belo jovem, "o Orador Silencioso, aquele que não está vivo nem morto, o simples-composto, o contido-continente".[27] Ele contemplou o jovem, enquanto este se transformava na Ka'aba, e achou que ele representava a alma da pedra sagrada. O crente convencional vê na Ka'aba apenas "um mineral sólido sem vida", mas Ibn'Arabi viu sua verdadeira essência "com os olhos do coração". O jovem que ele contemplou só falava por meio de símbolos,[28] tendo dito o seguinte:

> "Observa bem as articulações de minha natureza, a ordenação de minha estrutura. Em mim encontrarás o que perguntas, pois não digo palavras nem palavras me são ditas. Meu conhecimento só atinge a mim mesmo e minha essência (minha pessoa) é meus Nomes. Eu sou o Conhecimento, o Conhecido e o Conhecedor. Eu sou a Sabedoria, sua obra e o Sábio.[29] [...] Eu sou o Jardim de frutos maduros, eu sou o fruto da totalidade. Retira agora meus véus e lê tudo o que se revela nas linhas gravadas em meu ser."[30]

De forma um pouco mais ingênua, encontramos a mesma imagem arquetípica do Self nas experiências, relatadas por Moody, Hampe e Sabom, de pessoas que passaram por uma breve "morte" clínica e foram "trazidas de volta à vida" por meio de massagens no coração. Os relatos de pacientes nessas condições enfatizam o aparecimento de uma luz ou de um "ser luminoso". Uma paciente observada por Moody descreveu esse encontro nos seguintes termos:

> Eu flutuava [...] em direção a essa luz pura e cristalina, uma radiante luz branca. Era lindo e muito brilhante. [...] Era uma luz diferente da que conhecemos. Eu não vi ninguém nessa luz, mas ela sem dúvida tem uma identidade especial. É uma luz de perfeito entendimento e perfeito amor.[31]

Outra testemunha relatou o seguinte:

> Eu me virei, procurando uma posição melhor, e nesse exato momento surgiu uma luz no canto do quarto, logo abaixo do teto. Era apenas uma bola de luz, quase como um globo, não muito grande, de doze a quinze polegadas de diâmetro, e quando ela surgiu senti algo. Não era nada sobrenatural; era uma sensação de paz total e de profundo relaxamento. Eu vi uma mão que saía da luz e vinha em minha direção. A luz dizia: "Venha comigo, quero te mostrar algo". Imediatamente, sem a menor hesitação, levantei

a mão e agarrei a que eu via. Ao fazê-lo, tive a sensação de ser puxado e de deixar meu corpo. Olhei para trás e vi meu corpo deitado na cama enquanto eu me elevava em direção ao teto.

No instante em que deixei meu corpo, assumi a mesma forma da luz. [...] Não era um corpo, mas um fio de fumaça ou um vapor. [...] A forma que assumi tinha cores: laranja, amarelo e uma cor que eu não conseguia distinguir – acho que era índigo, uma cor azulada.

Essa forma espiritual não tinha o contorno de um corpo. Era mais ou menos circular, mas tinha algo que eu chamaria de mão.[32]

O aspecto mais importante desse relato é que a pessoa em questão é incorporada a essa figura de luz. Voltarei mais adiante a esse detalhe. No momento, gostaria de considerar a figura do ser luminoso. Algumas das testemunhas de Moody chamam-no Cristo ou anjo. Na linguagem da psicologia junguiana, trata-se de uma forma visual do Self. Este aparece como fonte de discriminação, algo que, por meio de sua intensificação, extingue a costumeira consciência corporal.

Essas experiências de luz costumam ser acompanhadas de uma iluminação psíquica, uma espécie de instrução para quem está morrendo. Nesse sentido, uma pessoa citada por Hampe diz o seguinte:

"Eu estava de novo no escuro, dentro de um túnel espiralado. No fim do túnel, que era muito estreito, eu via uma luz brilhante. Então alguém começou a falar comigo. Alguém que estava no meio daquela escuridão começou a me explicar o sentido da minha vida, respondendo a qualquer pergunta que eu fizesse." Nesse instante, a voz ordenou à pessoa que voltasse à vida, pois sua hora ainda não havia chegado.[33]

Um analisando que morreu aos sessenta e poucos anos de uma doença pulmonar contou a seu filho um sonho que teve no hospital, e que foi o último:

Ele saía do hospital e caminhava em direção a um velho portão, que na Idade Média havia sido a saída da cidade. Nesse lugar ele encontrou Jung, que tinha morrido e se tornado rei do reino dos mortos. Jung lhe disse: "Você precisa decidir se quer continuar vivendo e trabalhando (ele era pintor) ou se quer deixar o seu corpo". Então ele percebeu que seu leito hospitalar era também o seu cavalete.

Esse homem morreu em paz, quarenta e oito horas depois desse sonho. Parece-me que o sonho nos diz que é importante encontrar a morte *conscientemente*, que é preciso, por assim dizer, decidir-se. A identificação entre leito hospitalar e cavalete indicaria que agora esse homem deve concentrar seu esforço criativo sobre o ato de morrer, assim como antes o dirigira para a pintura. O companheiro instrutor aqui é Jung, que o sonhador respeitava muito e sobre quem projetara a imagem do Self.

Esse "outro" (homem ou mulher) que aparece para quem está morrendo em geral é representado por um parente já falecido (especialmente a mãe), ou o cônjuge, ou um conhecido recentemente falecido. Os exemplos desse fenômeno são tão abundantes que os espíritas são levados a crer que os mortos vêm buscar os vivos e os assistem em sua adaptação às novas condições após a morte. Assim sendo, limitar-me-ei a mencionar uns poucos exemplos que me parecem especialmente autênticos.

Assim, uma mulher sonhou que sua irmã, que havia falecido jovem muito tempo atrás, estava sorrindo e trazia nas mãos uma coroa de flores muito brancas. No dia seguinte, ela ficou sabendo que a afilhada dessa irmã, que só tinha 10 anos, havia morrido num acidente.[34] Outra testemunha relatou um sonho no qual aparecia sua irmã havia muito falecida, toda vestida de branco, que lhe dizia: "Vim buscar nossa mãe". A mãe morreu exatamente dois meses depois.[35]

As visões não diferem desse tipo de sonho. Nelas também parentes já falecidos, cônjuges ou amigos costumam vir buscar os moribundos. Emil Mattiesen apresenta em seu trabalho numerosos exemplos relativos a esse tema de "ser levado" por parentes ou amigos, e não será preciso repeti-los.

## Capítulo 6

# A PASSAGEM PELO FOGO E PELA ÁGUA

Podemos agora voltar ao texto de Komarios e concentrar nossa atenção no tema já bastante enfatizado em passagens anteriores, mas ainda não interpretado, ou seja, a afirmação de que as substâncias são "testadas" no fogo e que uma criança ou ser imortal nasce "do útero do fogo". Esse tema também aparece nos sonhos contemporâneos, como, por exemplo, no de um médico, no qual um caixão era posto no fogo e deste saía uma bela mulher.

Aquele analisando, cujo sonho da floresta superior e inferior citamos anteriormente, teve um sonho subsequente em que aparece o tema do fogo. Depois daquele sonho consolador, que dizia que a vida continuaria na floresta superior, ele de fato se tranquilizou e se sentiu mais preparado para a morte, mas não conseguia livrar-se de certa amargura por ter de morrer relativamente cedo (com 52 anos), já que, como dizia, ainda havia muitas coisas que queria fazer na vida. Ele então sonhou o seguinte:

> Ele via uma floresta verde, antes da chegada do Outono. Um violento fogo se alastrava e a destruía por completo. Era uma cena terrível. Em seguida, ele caminhava pela área queimada. Tudo havia se tornado carvão e cinza, mas no meio estava um bloco arredondado de pedra vermelha. Essa pedra não tinha sido atingida pelo fogo, e ele pensou: essa o fogo não tocou nem escureceu!

Esse sonho descreve um fogo devastador que destrói toda a "vida vegetativa". Pode-se dizer que ele simboliza a destruição do corpo pelo câncer que rapidamente proliferava, mas igualmente pode ser encarado como uma indicação de que a intensidade psíquica do sonhador (em geral é isso que o fogo significa na maioria dos sonhos) tornou-se tão forte que destrói a vida do corpo. Isso nos lembra o tema do fogo do mundo, que segundo Simão Mago destrói as partes visíveis da árvore do mundo – tudo, exceto o seu "fruto", a alma.

Num importante ensaio, intitulado "Cancer in Myth and Dream", Russell Lockhart relata o sonho de um paciente que sofria de câncer:

> Estou no campo [...] e vejo alguns homens. [...] Eles usam máscaras grotescas que os fazem parecer muito altos. [...]

> Eles põem fogo em algumas árvores, as folhas imediata-
> mente se queimam e então o fogo se apaga [...] mas as
> árvores parecem queimadas. [...] Eles retiram as máscaras.
> [...] Eles vestem ternos e estão satisfeitos com o que fize-
> ram. [...] Vejo à distância helicópteros lançando algo que,
> eu sei, matará o fruto das árvores.[1]

Aqui também o fogo se refere à destruição da vida vegetativa, mas há um sentido adicional. Na alquimia grega, é comum a alusão de que a psique é *kaustike*, "ardente". Por exemplo, o alquimista Zózimos diz o seguinte: "Desde o início, chamamos a psique de natureza ardente e divina". Ou então: "Psique quer dizer a natureza divina que arde desde os tempos primordiais; o espírito (*pneuma*) opera em conjunção com ela, salvando-a e purificando-a através do fogo, se este for bem preservado, por- que não pode ser destruído".[2] O texto de Maria Prophetissa igualmente menciona essa substância com bastante frequência: "Não a toques (a misteriosa substância) com a mão, pois ela é um elixir (*pharmakon*) abrasador. [...] Ela provoca a morte quando decai e se torna mercúrio; o ouro em decomposição que nela se encontra é extremamente pernicioso".[3] Ou então:

> O alveamento é uma incineração. A combustão, porém, é
> ao mesmo tempo uma reanimação através do fogo. As
> substâncias, em si mesmas, queimam-se mutuamente,

ressuscitam e impregnam-se, fertilizando-se umas às outras e dando à luz o ser vivo procurado pelos filósofos.[4]

Essas amplificações alquímicas descrevem um processo de queima idêntico à reanimação dos mortos através do fogo (*anazopyresis*). A floresta pegando fogo, no sonho citado anteriormente, pode ser compreendida nesse sentido; o incêndio destrói a vegetação, mas quando se extingue, resta algo indestrutível, a pedra vermelha que o fogo nem chegou a escurecer. Essa pedra é um símbolo tão conhecido do alvo final da alquimia que se torna desnecessário citar as fontes separadamente. Os textos gregos afirmam explicitamente que no fim da obra, entre outras coisas, surge a pedra dos sábios, o lápis, que é *pyrimachos*, "capaz de suportar o fogo". Assim, por exemplo, Zózimos diz o seguinte:

> Dessa forma, os espíritos são encarnados e os mortos reanimados, pois suas almas são-lhe novamente separadas e elas completam o divino trabalho; eles conquistam e são conquistados uns pelos outros. O fugitivo pneuma e o corpo que o procura se encontram quando este aprendeu a suportar o fogo.[5]

À luz da tradição alquímica, a pedra vermelha do sonho do paciente que morria de câncer seria portanto nada menos que uma visão do corpo ressuscitado (ou o *lapis qui resistit igni*). Isso explica por que a pessoa em questão sentiu uma satisfação tão profunda quando percebeu que a pedra nem havia pretejado, ou seja, ela permaneceu intocada pelo fogo.

J. C. Hampe relata uma experiência do Além vivenciada por um homem prestes a morrer que passeia com seu pai numa magnífica paisagem:

> Encontrei uma pedra enorme e virei-a de lado; ela não tinha peso. Na parte de trás havia belíssimos cristais, cuja disposição lembrava uma catedral. Fiquei muito feliz ao ver isso.[6]

Essa "pedra" parece sempre de grande importância para o sujeito, mas o lugar que ocupa na experiência da morte como um todo ainda é obscuro. Voltarei, portanto, a essa questão mais adiante.

Na tradição cristã, como sabemos, o reino dos mortos é descrito como "ardente", ou seja, cheio de fogo do inferno e do purgatório. Somente a partir do século XII é que a ideia de fogo do purgatório passou a ser incluída nos ensinamentos católicos sobre o Além.[7] Mas já na época dos primeiros patriarcas da Igreja podemos encontrar ideias indefinidas sobre a temporada que as almas passariam num reino intermediário antes do Juízo Final. Esses conceitos receberam uma boa dose de influência de imagens órficas-pitagóricas, platônicas e especialmente egípcias, ao passo que o Sheol do Velho Testamento, esse lugar sombrio e argiloso, não teve maior peso. O Livro de Enoch (séculos II e

I a. C.) de fato menciona um Além flamejante, o que sugere uma influência egípcia.[8] E no Apocalipse de Esdras,[9] o Além – em contraste com o Paraíso – é chamado de fogo de Gehenna.[10] Nos Artigos de Fé Cristã, uma passagem da Epístola aos Coríntios (I Cor, 3: 11-16) era tida como base da crença no fogo do purgatório. Nesse texto, o Apóstolo Paulo refere-se a Jesus Cristo como sendo o fundamento sobre o qual cada homem constrói seu trabalho:

> Se alguém sobre esse fundamento constrói com ouro, prata, pedras preciosas, madeira, feno ou palha, a obra de cada um será posta em evidência. O Dia a tornará conhecida, pois ele se manifestará pelo fogo e o fogo provará o que vale a obra de cada um. [...] Não sabeis que sois um templo de Deus e que o Espírito de Deus habita em vós?

Aqui o fogo "testa" o trabalho humano, separando o eterno do efêmero. Durante longo tempo não houve uma diferenciação mais precisa desse fogo que "pune" (o do inferno), ou purga e "testa" (o do purgatório).[11] O mesmo se deu com respeito ao estado intermediário, que de início nem sempre era descrito como um lugar de fogo, mas de *refrigerium* (refrigeração), com água corrente.[12] Clemente de Alexandria (falecido antes de 215) e Orígenes (falecido em 253 ou 254) foram ambos apologistas da ideia de purgatório.[13] O inferno, para Orígenes, é apenas um lugar temporal de punição limitada – ele rejeita a ideia de danação eterna. Mas o purgatório serve para uma *katharsis*, uma purificação psíquica, e nele as almas são informadas da existência de algo melhor. Somente para os que não podem ser instruídos é que o purgatório é uma punição.[14] Santo Agostinho foi o primeiro a expressar a crença de que os mortos podem ser ajudados no estado intermediário pela intercessão das preces dos vivos.[15] Clemente de Alexandria introduziu outra ideia digna de menção; a de que o fogo arde a partir de Deus ou de Cristo, sendo a passagem pelo purgatório uma espécie de batismo de fogo.[16] Se para alguns esse fogo é um castigo, para outros é um meio de satisfação – caso em que não queima, mas flui através da alma, na qualidade de fogo espiritual.[17] Não se trata do fogo concreto que conhecemos, mas de um fogo *sutil, espiritual*. Essa ideia de Clemente aproxima-se bastante de uma compreensão psicológica moderna do simbolismo do fogo do Além.

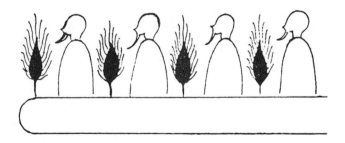

**Fig. 9** – O "lago de fogo" e "envoltórios" (múmias) com forma de monolitos, dos quais saem cabeças com a barba típica dos deuses.

As ideias cristãs remetem obviamente ao antigo simbolismo egípcio, em que aparecem com toda a sua vividez original e primitiva. No mundo dos mortos egípcio, há um lago ou cavidade de fogo (também chamado ilha), cuja água ao mesmo tempo é fogo. Osíris "respira através da inacessível água desse buraco de fogo".[18] O deus-sol Ré diz aos mortos o seguinte sobre esse lago: "Sua água vos pertence, mas seu fogo não vai contra vós, seu calor não vai contra vosso corpo morto".[19] Os maus, por outro lado, são torturados e queimados por esse fogo,[20] pois nesse caso o fogo-água "testa" tudo o que nele se encontra.

De um ponto de vista psicológico, o fogo evidentemente não deve ser tomado em termos concretos. Os velhos alquimistas o usavam como símbolo, equiparando-o com seu oposto, a água, revelando portanto que para eles tratava-se de um fogo místico. O fogo, em si, é um símbolo de energia psíquica: aquele "algo" psíquico desconhecido que se manifesta em impulsos, desejos, vontades, afetos, atenção, capacidade de trabalho etc., e seus diversos graus de intensidade.[21]

Historicamente, nossa compreensão de energia física e psíquica emana de conceitos como os de maná, mulungu, orenda, wakanda, manitu etc., que os povos primitivos usavam para caracterizar tudo o que era sinistro, poderoso, criativo, extraordinariamente eficaz, sagrado – como o raio, uma árvore ou um animal especiais, a personalidade que irradiava de um grande chefe etc. Podemos reconhecer nesse conceito primitivo o que hoje denominamos a energia física ou psíquica, que para esses povos ainda não estavam separadas. Um longo processo de desenvolvimento histórico transcorreu antes que se diferenciasse a moderna compreensão de energia física a partir do conceito original de energia.[22] O fogo dotado de mente, de Heráclito, corresponde a essa ideia relativamente original de energia: "Esse universo ordenado (*cosmos*), que é o mesmo para todos, não foi criado por deus nenhum nem pela humanidade, mas sempre foi, é e será sempre eterno Fogo, até certo ponto aceso e até certo ponto extinto".[23] Na filosofia estoica, esse conceito deu lugar à ideia de um espírito ígneo (*pneuma*) que preenche o universo e é a própria divindade. Na alquimia antiga e medieval, essa velha ideia continuou a existir na imagem de Mercúrio, que era visto como um misterioso fogo elementar, um espírito vital presente em todas as coisas, ou como um espírito criador da natureza.[24] Esse espírito de fogo tornou-se a base da chamada teoria do phlogiston da química primitiva, que mais tarde se transformou, como bem demonstra S. Samburski, na moderna ideia de campo de força.[25]

Em contraste com a energia quantitativamente mensurável da química contemporânea, a energia psíquica é algo mais qualitativo, como enfatiza Jung,[26] uma *intensidade* que só pode ser percebida pelo sentimento. Como diz ele:

> As intensidades psíquicas e suas diferenças graduadas sugerem a existência de processos quantitativos inacessíveis à observação direta e à mensuração. Muito embora os dados psicológicos sejam essencialmente qualitativos, eles também

possuem uma espécie de energia *psíquica latente*, visto que os fenômenos psíquicos revelam certo aspecto quantitativo. Se essas quantidades pudessem ser medidas, a psique seria forçada a aparecer em movimento no espaço, caso em que poderia ser aplicada a fórmula da energia. Dessa forma, como massa e energia são da mesma natureza, massa e velocidade seriam conceitos adequados para caracterizar a psique na medida em que ela apresenta efeitos observáveis no espaço; em outras palavras, ela deve ter um aspecto sob o qual apareceria como *massa em movimento*. Se não se pretende postular uma harmonia preestabelecida entre eventos físicos e psíquicos, então eles só podem estar em *interação*. Mas essa hipótese implica uma psique que em algum ponto toca a matéria, e, contrariamente, uma matéria com uma psique latente.[27]

As especulações de Jung indicam que, para se compreender a relação entre o que hoje denominamos energia física, de um lado, e energia psíquica, de outro, seria necessário levar em consideração a parapsicologia.

Em minha opinião, o simbolismo do fogo na alquimia alude a uma intensidade energética característica da psique incorpórea. Pode-se imaginar que no processo de morrer essa parte não encarnada da psique adquire a energia da parte encarnada e, dessa forma, fica carregada de uma intensidade extremamente elevada. É por essa razão que o elixir da vida no texto de Komarios é chamado de "assassino", dado que no fim da vida ele ajuda por assim dizer a matar o corpo, ou a torná-lo inanimado, e ao mesmo tempo a animar a verdadeira psique (seu aspecto eterno), ou seja, a intensificá-la energeticamente. Os fortes estados de excitação emocional em que caem algumas pessoas na hora da morte refletiriam, desse ponto de vista, uma luta entre a energia psíquica (fogo = afetos, emoções) ainda aprisionada no corpo, e a energia (intensificação) da vida psíquica pura que se desprende do corpo. No caso de morte violenta (assassinato, suicídio) essa luta parece mesmo produzir verdadeiros "efeitos explosivos", como pude uma vez presenciar. Quando tinha 24 anos, eu ocupava um quarto alugado na casa onde moravam uma garota de 16 anos e sua governanta. Certa noite, sonhei que acontecia uma terrível explosão e que a governanta e eu nos agachávamos atrás de uma parede para não sermos atingidas por pedras e estilhaços. Quando acordei, fui informada de que durante a noite a garota tinha se suicidado com pílulas de dormir. Nos casos de suicídio, a energia vital não foi usada naturalmente até o fim. Em consequência, a morte é como uma explosão repentina que perigosamente perturba o ambiente, pois, como se sabe, uma explosão é a liberação súbita de energia altamente concentrada.

Se por um lado o Além costuma ser mitologicamente descrito como ardente – em sentido positivo ou negativo – há, por outro, outras tantas descrições da ressurreição dos mortos em termos de um renascimento a partir da água – e é bom lembrar que na alquimia e no reino dos mortos egípcio fogo e água às vezes se equivalem explicitamente.

Na antiga China, como já foi mencionado, acreditava-se que os mortos continuavam a viver no lençol freático abaixo da terra. Ideia análoga predominou na Antiguidade ocidental. Como indica Martin Ninck em seu belo trabalho *Die Bedeutung des Wassers im Kult und Leben der Alten* (O Significado da Água no Culto e na Vida dos Antigos), os gregos acreditavam que toda a água emana das profundezas da terra, onde estão os rios subterrâneos Aqueronte e Kokytos e o lago Estígio.[28] O senhor dessas águas era Hades, o deus subterrâneo. Tudo se originava nesse sagrado submundo, ao qual pertenciam o casamento, a cura e a vida nova. O negro rio Estige, porém, corre na terra dos mortos.[29] Beber da sua água causava a morte, mas também, em certos dias, a imortalidade. Os Campos Elíseos ou as Ilhas dos Bem-Aventurados localizam-se do outro lado do rio da morte.[30]

A água se associa aos "estados noturnos da Alma", como diz Ninck – o sonho, o êxtase e o transe. Em termos psicológicos, a água é uma imagem do inconsciente coletivo. Segundo Timarchus,[31] as almas mortas vagueiam por esse mar de sonho como estrelas ou pontos luminosos; elas atravessam as águas profundas e sobem em direção à lua, local de residência das almas purificadas.[32] Sob a forma de Oceanus, essa água circunda o cosmos e é origem da vida e do mundo inteiro. Zózimos[33] chamava a água de "elemento redondo" (omega).[34] Esse aspecto talvez tenha origem na ideia egípcia de que Osíris representa um elemento aquático redondo. Um texto para invocar a proteção de Osíris diz o seguinte: "Sois vasto e sois verde, como vosso nome, 'Vasto

Oceano Verde'. Em verdade, sois imenso e redondo como o círculo que abraça as (ilhas) Hanebu. Em verdade, sois redondo e poderoso como o 'mar redondo e poderoso'".[35] Volta à mente o sonho mencionado acima, em que um homem prestes a morrer hesitava em entrar num enorme ar líquido azul com forma de ovo.

O texto de Komarios também fala de águas que cobrem o corpo do morto no mundo subterrâneo antes do seu renascimento sob forma glorificada. No Livro Egípcio dos Mortos está escrito que o morto chega ao "monte de água":

> Ó monte de água, aqueles que morreram não têm poder sobre vós, pois vossa água é fogo, vossas ondas são fogo. [...] Se eu pudesse apenas possuir-vos e beber de vossa corrente! [...] Eu vos saúdo, ó deus, que estais no monte de água! Vim à vossa presença, para que possais conceder-me a água, para que eu possa beber da corrente, como concedestes àquele grande deus para quem a inundação chega, para quem as plantas se renovam, as criaturas crescem e a vegetação floresce. [...] Fazei com que a inundação chegue até mim.[36]

Por analogia, os egípcios ligavam essa inundação ao banho de natrão no qual imergiam o corpo morto no começo do processo de mumificação. Nas inscrições de um sarcófago consta o seguinte: "Ó Osíris NN, descei e purificai-vos, junto com Ré, no Mar de Natrão, e cobri-vos com as vestes da vida".[37] A palavra "natrão" provém da raiz egípcia *n-t-r*, que significa "deus", "divino".[38] Portanto, a imersão do corpo morto numa solução de natrão literalmente significava uma deificação, a transformação do morto no deus Osíris. Além disso, na liturgia de embalsamamento, o hieroglifo correspondente ao deus do Nilo era gravado nas bandagens da mão esquerda do morto, enquanto o oficiante repetia a seguinte fórmula:

> Ó Osíris NN, o grande deus Nilo vem até vós para encher de água fresca vossa oferenda. Ele vos dá. [...] Nun, (a água primordial) que brota da caverna, a água que redemoinha e nasce nas duas montanhas. Vós bebeis dessa água e ela vos satisfaz. Vosso corpo se enche de água fresca, a corrente enche vosso caixão, vossa garganta transborda. [...] Vós sois Nun, o mais velho, o pai dos deuses.[39]

Na sexta das "Horas de Vigília de Osíris", o oficiante carregava um receptáculo com água do Nilo, que era tida como idêntica à água de Nun, o oceano primordial, do qual emergiu a criação inteira. O oficiante então bradava: "Eis aqui vossa substância, ó deuses de Nun, aquilo que vos permite viver em seu nome, nome daquele que vive. [...] Esta água vos engendra, assim como a Ré, a cada dia; ela vos permite ser Kheper (o escaravelho)".[40]

Na procissão de Ísis descrita no final das *Metamorfoses*, Apuleio diz que o mais sagrado dos objetos levado na procissão era um receptáculo cheio de água do Nilo. Esse é o já mencionado Osíris Hydreios, um símbolo novo que surgiu no Egito do período greco-romano (século I d. C.), que representava uma espécie de matriz da qual renasciam os mortos e, presumivelmente, ao mesmo tempo, uma imagem da deusa Ísis, que volta a gerar os mortos. O recipiente contém água do Nilo, água primordial de Nun, do qual, segundo os egípcios, todos os deuses emergiram na criação do universo. Essa água, Nun, que também é fogo, é além disso tudo um símbolo do inconsciente coletivo. Ela se configura assim em matriz de imagens e *insights* simbólicos, ao passo que o fogo representaria seu aspecto emocional.[41]

**Fig. 10** – A passagem através da água. Aqui o morto bebe água para "não se queimar no fogo". O ato de beber água também desempenha um papel na liturgia de embalsamamento: "[...] vosso corpo se enche de água fresca".

Esses dois aspectos do inconsciente aparecem nas experiências de morte relatadas por Moody e Hampe. Ao narrar suas experiências, os pacientes muitas vezes eram tomados por profundas emoções de júbilo ou de sofrimento e não cansavam de repetir que não tinham palavras para descrever com precisão seus sentimentos. O que sentiam era uma emoção inexprimível (fogo).

Por outro lado, essas experiências comumente constituem-se numa espécie de *fluxo* de luzes, cores, imagens e almas que não se pode claramente discernir em detalhe e muito se assemelham ao aspecto "água" do inconsciente:

> Uma mulher começa atravessando um túnel: "Eu procurava meu acompanhante lá onde o azul-escuro avançava sobre mim, vindo da boca do túnel. O zunido aumentava e ficava mais belo. As cores também ficavam mais claras e pareciam fundir-se num jogo de milhares de tonalidades, para depois se separarem como as cores de um buquê. Cada cor tinha um som. E essas cores e sons juntos criavam uma música maravilhosa que me preenchia e me levava adiante".[42]

Ou então:

> Eu ficava cada vez mais envolto por um fantástico céu azul com nuvens róseas e suaves sons violeta. Eu flutuava nessa atmosfera ideal, suavemente e sem o menor esforço.[43]

Ou ainda:

> Num estado inconsciente, vi na minha frente retratos meus nos quais as cores do arco-íris se misturavam umas às outras.[44]

Aparentemente, é comum surgir esse elemento fluente nas experiências de limiar da morte. Ele corresponde ao aspecto água do inconsciente. Os enterros dos hindus, nos quais as cinzas dos mortos são lançadas no Ganges, ou no mar, segundo a tradição de Bali, expressam simbolicamente a ideia de uma dissolução redentora, de um retorno ao oceano primordial. Ao mesmo tempo, esse simbolismo representa o aspecto água do inconsciente, algo em que flutuam "as imagens da criação", de certa forma mais belas e mais intensas do que num sonho, só que ainda mais incompreensíveis.

Voltemos agora ao sonho daquele homem em estado terminal que se encontrava "num ar líquido da cor do céu" com forma de ovo. Ele tinha a sensação de estar "caindo no azul, no universo" e tinha medo de acabar se dissolvendo. Mas uns pedaços de pano azul que por ali flutuavam o envolveram e o seguraram (após o que, ele viu a árvore de Natal). Na mesma linha, um homem de idade avançada enviou a Jung o seguinte sonho:

> Ele encontra dois guias [...] que o conduzem a uma casa onde estão várias pessoas, entre as quais seu pai, seu padrasto e

sua mãe, que lhe dá um beijo de boas vindas. Ele tem que subir uma longa ladeira que termina na beira de um precipício. Uma voz lhe diz para saltar. Após várias recusas desesperadas, ele obedece e começa a nadar "deliciosamente no azul da eternidade".[45]

Jung interpretou esse sonho como uma preparação para a morte e comentou com a pessoa em questão a crença hindu de que os mortos ascendem até o Atman cósmico. "Não há solidão, mas um estado de totalidade ou de completude cada vez maior."[46]

Esse "ar líquido" azul é uma imagem estranha que também aparece na obra de um discípulo de Paracelso, o alquimista Gehard Dorn. Para ele, o opus alquímico culmina na produção do assim chamado *caelum*, "o céu interior". Dorn achava que isso se referia à quintessência extraída da vida do corpo, a verdade interior que, enquanto "imagem exata de Deus", se oculta no mais recôndito recesso do homem. Uma vez destilada e submetida a um movimento rotatório, essa substância flutua e se eleva, adquirindo uma aparência brilhante e translúcida, com a "cor do ar".[47] Desse modo, o misterioso céu interior torna-se visível. A produção dessa tintura azul representava para Dorn o estágio mais elevado da *coniunctio* (união de opostos), uma união com o divino espírito do mundo. Jung interpreta essa ocorrência dizendo o seguinte: "A consciência como um todo rende-se ao self, que passa a ser o novo centro da personalidade em substituição ao ego".[48]

Os textos alquímicos afirmam, porém, que esse seria apenas um estágio introdutório, a ser seguido por importantes transformações subsequentes. Trata-se de uma liberação inicial das amarras do corpo, das vontades e desejos do ego, do estreito mundo ao qual a consciência, devido às suas limitações cerebrais, nos restringe durante o curso da vida. Mas isso parece refletir apenas o estágio inicial do fenômeno da morte. Um paciente reavivado após sua morte clínica relatou essa experiência nos seguintes termos:

> A condição em que me encontrava caracterizava-se por uma extraordinária sensação de paz e, ao mesmo tempo, por algo totalmente diverso, ou seja, *uma premonição de grandes eventos, de uma transformação ainda maior*. Mas além do meu súbito retorno à mesa cirúrgica não há mais nada a relatar.[49]

Relatos semelhantes sugerem a existência de ainda outro "limiar", do qual aparentemente não haveria mais retorno.[50]

A liturgia fúnebre egípcia e os símbolos alquímicos tradicionais descrevem, é claro, estágios posteriores, como o retorno da alma ao corpo – não o corpo velho, mas uma "forma" dele, no entretempo sublimada e transformada. Devemos, portanto, nos perguntar o que exatamente se passa com o corpo velho enquanto a alma temporariamente o abandona e passa para um estado de êxtase.

## Capítulo 7

# O SACRIFÍCIO OU TRATAMENTO DO CORPO VELHO

Segundo o texto de Komarios, para que alma e espírito voltem ao corpo é preciso que este passe por uma transformação. Em primeiro lugar, parece haver uma indicação de que deve ocorrer algo como uma dissolução ou sacrifício do corpo velho, que será torturado, testado no fogo ou algo assim. O mesmo homem, cujo sonho com a anima mencionamos no capítulo 3 (ver a nota 27), pouco antes de morrer contou à sua analista seu sonho final:

> Um homem – o sonhador ou seu melhor amigo – fora condenado à morte e o sonhador se ofereceu para ser o executor. Ele tomou essa atitude para salvar a vida do outro, que considerava inocente. Na mão ele segurava uma faca afiada e

tinha que dar a impressão de que pretendia matar a vítima pois, se se percebesse que queria salvá-la, teria que pagar com sua própria vida. Ele fez um corte ao longo da espinha e virou o homem de barriga para cima. Ao fazê-lo, ouviu os ossos estalarem e ficou com medo de talvez ter cortado fundo demais. Nesse momento ele acordou, com uma forte sensação (embora isso não seja mencionado no sonho) de que nunca conseguiria satisfazer a moça que amava.[1]

Ao interpretar esse sonho, partindo das associações do sonhador,[2] Barbara Hannah nota que o amigo a ser sacrificado simboliza um lado do sonhador que não amadureceu, lado esse que ainda queria "se atualizar" por meio de aventuras sexuais com mulheres. A faca que aparece no sonho fora de fato usada na realidade, durante suas caçadas, para dar o golpe de misericórdia nos animais feridos. Parece que ele deveria dar esse mesmo golpe nesse aspecto interior excessivamente juvenil e parar de protegê-lo secretamente. Além disso, prossegue Hannah, "aquele que deve ser sacrificado também simboliza a obstinação egoísta do sonhador, sua vontade de seguir seus próprios desejos em lugar de ceder à 'vontade de Deus', às leis do ser interior".[3] Esse lado juvenil e demasiadamente sexualizado do homem em questão pode também ser visto como uma identificação com o corpo e seus impulsos. Num certo sentido, portanto, a morte dessa parte seria também um sacrifício do corpo. Porém sacrificar significa abdicar de algo em favor de uma autoridade mais alta, em geral a de um deus ou deuses. *Basicamente, trata-se de um sacrifício do egocentrismo.*[4]

Um homem seriamente ferido durante a Segunda Guerra Mundial, que esteve em coma durante um bom tempo, acabou se recuperando e relatou o seguinte:

> Ele ouviu sua irmã dizer que ele só tinha duas horas de vida. "Nesse momento, tive medo. Tomei consciência de uma luta interior muito intensa e angustiante, *a luta final da alma antes do sacrifício.* A luta era travada em plena consciência. Esse momento ficará para sempre gravado em minha memória. Peço a Deus que nunca se apague. [...] Para deixarmos esta vida corajosamente devemos vivê-la corajosamente."[5]

Esse "sacrifício" do corpo, no sentido de sua deificação, também pode ser encontrado no ritual egípcio de mumificação. No Museu do Cairo e no Louvre há duas versões de antiquíssimas instruções, infelizmente danificadas e quase ilegíveis em alguns trechos, relativas ao modo de dissecar e embalsamar os mortos.[6] As diversas partes do corpo devem ser tingidas com certos óleos especiais e extratos vegetais. Essas substâncias são "secreções" dos deuses. Uma reprodução parcial dessas instruções seria a seguinte:

> Ungir a cabeça duas vezes com um bom óleo de mirra e dizer: "Ó Osíris, o óleo de mirra que vem de Punt é

espargido sobre vós para realçar vosso aroma através do aroma divino. A secreção derramada sobre vós vem de Ré (para) (vos) tornar mais belo. [...] Vossa alma passeia pela terra dos deuses, sobre vosso corpo. Hórus está em vós, ele é o que vem do óleo de mirra, que vem de Osíris". Nesse ponto, segue-se a unção do corpo, para produzir uma união com o deus Osíris. As entranhas são colocadas em quatro jarros canópicos, para que "a unção da múmia (de Osíris) possa penetrar nos membros desse deus". A espinha é então embebida de óleo. Depois desse procedimento, dizer ao morto: "Ó Osíris NN, recebei este óleo [...] recebei (este) líquido da vida. [...] Recebei esta (gordura) dos deuses, a secreção que vem de Ré, a emissão que vem de Schow (Schu, o deus do ar), o suor que vem de Geb (o deus da terra), os membros divinos que vêm de Osíris" etc. "Para vós, NN, ouro e prata, lápis-lazúli e malaquita. Para vós, faiança (*thn*) que transfigure vossa face (*thn*) e cornalina (*hnm*) para fortalecer (*shn*) vossos movimentos.

[...] Para vós, NN, as vestes saídas do olho de Hórus, as belas secreções de Sobk (o deus-crocodilo Suchos, "senhor da casa da vida"). [...] Para vós a túnica do templo de Sobk. Ele nos guia pelo caminho em Nun (as águas primordiais) e adorna vossos membros com sua beleza, para que sejais como Ré quando ele sobe e desce e possais para sempre existir na eternidade." A múmia é então posta de costas e suas unhas são recobertas de folhas de

**Fig. 11** – "Tratamento" do corpo. Anúbis, o deus dos mortos egípcio com cabeça de chacal, no embalsamamento do cadáver de Osíris. À direita, Hathor dá instruções.

ouro. Os dedos são envoltos em bandagens de linho, sendo cada um atribuído a um deus específico. Nesse ponto, o corpo inteiro é atado com bandagens e a cabeça é novamente ungida. "Vossa cabeça está em vós e não se separa (de vós) na eternidade." As mãos são então postas de uma certa forma para poderem "pegar" os deuses, e igualmente as pernas, para que possam novamente andar. "As vestes dos deuses são colocadas sobre vossos braços e as esplêndidas túnicas das deusas sobre vossas pernas, para que sejam fortes os braços e vigorosas as pernas." O texto então termina: "Para vós, Osíris NN, o incenso que vem de Hórus, a mirra que vem de Ré, o natrão que vem de Nechbet, as plantas anchjemi que vêm de Osíris, a resina que vem do grande deus, a goma que vem do abençoado Wennofre (Osíris). [...] Vós caminhais sobre uma terra de prata e um chão de ouro, sois enterrado numa encosta de malaquita. [...] Vosso nome está em cada região, vossa alma no céu, vosso corpo no Duat (mundo subterrâneo), vossas estátuas nos templos. Viveis na eternidade e sois eternamente jovem. Ó Osíris NN, que vosso nome perdure sempre magnífico no templo de Amon-Ré, rei dos deuses, imagem sagrada, senhor de todos os deuses na eternidade".[7]

Esse texto nos diz que, segundo a concepção egípcia, a múmia se transforma num "ser transfigurado". Trata-se de um processo químico de deificação. O corpo do morto transforma-se, ao mesmo tempo, numa pluralidade de deuses. A imagem do deus-sol, porém, unifica todos os deuses. Em linguagem psicológica, o corpo morto transforma-se numa imagem do inconsciente coletivo *e*, em seu aspecto de unidade, transforma-se no Self. Do ponto de vista egípcio, a *ka* (sombra, duplo) e a *ba* (individualidade espiritual) do morto posteriormente unem-se a esse corpo transfigurado, e juntos tornam-se uma unidade inseparável. A ressurreição é, portanto, uma unificação do self individual com o self coletivo; e ao mesmo tempo é uma incorporação de ambos no corpo transfigurado.

Na série de sonhos estudada por Edinger encontramos outro exemplo de tema arquetípico do tratamento do corpo. Um dos sonhos mencionados é o seguinte:

Assim como no livro de Ginsberg, *Lendas dos Judeus*,[8] no qual Deus estava em comunicação direta com várias pessoas, parece que Ele me atribuía uma tarefa muito desagradável, para a qual eu não estava preparado nem técnica, nem emocionalmente. Em primeiro lugar, eu tinha que encontrar um homem que me esperava,[9] e juntos devíamos seguir exatamente as instruções. O resultado final seria o surgimento de um símbolo muito além da nossa compreensão, com conotações religiosas, ou sagradas, ou de tabu. A tarefa a ser realizada tinha a ver com cortar as mãos desse homem, apará-las e uni-las para formar um hexágono. Era preciso perfurar dois retângulos, um em cada mão. Esses retângulos em si já seriam símbolos de grande valor. O produto final deveria ser mumificado, ressecado e enegrecido. Levou tempo para fazer esse trabalho delicado e difícil. O homem suportou tudo estoicamente, pois esse era o seu destino tanto quanto o meu, e o que fizemos nos parecia corresponder ao esperado. Quando contemplamos o símbolo resultante de nossos esforços, vimos que ele tinha uma impenetrável aura de mistério. Essa provação toda nos deixou exaustos.[10]

Como observa Edinger, referindo-se ao tema alquímico do desmembramento, as mãos representam o instrumento da vontade consciente. Ter as mãos cortadas significa experimentar a impotência do ego ou, nas palavras de Jung, "a derrota do ego".[11] O hexágono produzido no sonho é uma imagem do Self, talvez também uma primitiva máscara que representa a face de Deus. O número seis, em geral, significa uma união de opostos. O que mais nos importa aqui é o sacrifício do homem físico enquanto suporte do ego volitivo, sacrifício por meio do qual o homem ou suas mãos decepadas, isto é, sua atividade, tornam-se o receptáculo ou símbolo do Self. Esse símbolo expressa diretamente uma analogia ao processo egípcio de mumificação.

Mark Pelgrin nos fornece outro exemplo, neste sonho de uma mulher cuja morte se aproximava:

> Eu vi, nitidamente, um grupo de homens muito sérios, como se fosse num ritual solene, esperando que eu fosse com eles numa padiola até uma varanda que dava para um pátio. Eles trajavam roupas de cores vivas, como as de seda usadas pelos jóqueis. Aguardavam o momento em que fariam um trabalho muito importante comigo no pátio. Eu tinha a vaga impressão de ver um altar ao qual eu era conduzida *para ser sacrificada aos deuses, para ser trabalhada pelos poderes interiores e de certa forma curada.*[12]

Esse sonho me parece sugerir novamente uma deificação do corpo semelhante àquela codificada no ritual egípcio – uma transformação do corpo, uma cura que sublima o corpo a partir de dentro e que ao mesmo tempo une suas várias partes aos diferentes arquétipos. Às vezes, o símbolo de um animal representa o corpo morto, como vimos no sonho do cavalo morto em decomposição. Por exemplo, um sonho sobre morte enviado a Jung por um missivista contém esse tema:

> Um cavalo mágico [...] foi morto numa batalha [...] e suas entranhas são carregadas (pelo sonhador) durante muito tempo. Então ele desce uma escada e encontra o cavalo ressuscitado, que vinha subindo. O cavalo então devora suas próprias entranhas, e está pronto para ser montado pelo sonhador.[13]

Jung deu a seguinte resposta:

> O sonho do cavalo representa a união com a alma animal, que o senhor por muito tempo não teve. Essa união produz um estado de espírito muito peculiar, ou seja, um pensamento inconsciente que lhe permite perceber o progresso natural da mente em sua própria esfera. Isso pode ser entendido como o processo natural de pensamento no inconsciente, ou como uma antecipação da vida mental após a morte.[14]

Em outras palavras, o sonho significa que a vida das imagens e ideias arquetípicas na verdade oculta-se no cavalo (a alma animal no corpo), e que por meio do sacrifício e do ato de carregar consigo as entranhas (compare-se com Mitras carregando o touro) esse aspecto oculto do corpo-alma, isto é, do inconsciente coletivo, pode ser experimentado. É uma vida espiritual que parece existir além da morte.

A ideia de que certas partes individuais do corpo podem ser associadas a certos deuses (arquétipos) foi altamente elaborada no Extremo Oriente. Na concepção de mundo do taoismo chinês, por exemplo, o homem é um microcosmo (assim como na astrologia ocidental) cujas subdivisões correspondem exatamente aos "andares" do Céu e às constelações.[15] Uma energia vital psicofísica sutil, chamada ch'i, circula por esse cosmos físico.[16] Cada órgão, até mesmo as menores partes do corpo, tem sua divindade, que recebe o apelativo de "suprema autoridade" ou "função suprema" da parte em questão. Se abandonado pela divindade, o órgão deixaria de funcionar e degeneraria. É necessário, portanto, cuidar dessas divindades do corpo por meio de meditação, dieta etc. A pessoa deve "unificá-las através do corpo" para atingir vida longa, ou até mesmo a imortalidade.[17]

Os órgãos são também a sede dos "sentimentos celestiais";[18] ou seja, sentimentos como benevolência, desprazer, tristeza e alegria são determinados pelos céus, do mesmo modo como acreditamos que alguns estados de espírito básicos são causados por influências planetárias. Nessa hierarquia espiritual, o coração é o monarca do qual provêm o espírito e a clareza; os pulmões sediam a autoridade encarregada da organização e da ordem; o fígado é a sede da estratégia e do planejamento; a vesícula, das decisões e do julgamento; o intestino grosso, da instrução sobre o modo correto de se fazer as coisas, da transformação e da mudança; o intestino delgado, do desenvolvimento; os rins, do poder de ação etc. Essas sedes correspondem a imagens das estrelas no macrocosmo.

Alguns animais simbólicos também estão presentes nos órgãos: um tigre branco nos pulmões, uma tartaruga e uma cobra na vesícula, um dragão no fígado, uma fênix no baço, um pássaro vermelho no coração e um veado branco bicéfalo nos rins. Olhando para dentro de si mesma, uma pessoa pode observar todas essas criaturas diretamente. Como as divindades macrocósmicas vagueiam pelo espaço e são difíceis de observar, é mais fácil estabelecer contato, através da meditação, com as divindades presentes no corpo e secretamente idênticas às cósmicas. Procedendo dessa forma, pode-se finalmente atingir o significado universal do tao.

Ideias similares também podem ser encontradas na medicina tibetana e no tantrismo hindu. O sistema de yoga tântrica baseia-se na ideia de que o corpo é uma imagem do cosmo, unindo em si matéria e espírito. O yogue sabe que ele é o próprio universo divino.[19] Dentro de seu corpo material, ele tem um corpo sutil, composto da onipresente energia psicofísica que se concentra em "pontos nodais" especiais (*chakras*). Por ocasião do *puja* (ato de veneração durante uma cerimônia), assim como do ritual tântrico, a pessoa que faz as oferendas "presta homenagem" a si mesma recobrindo certas partes do corpo com guirlandas de flores, unguentos, perfumes etc. Por meio desse procedimento, sua natureza se transforma em algo divino, exatamente como no processo egípcio de mumificação, com a única diferença de que a transformação se dá numa pessoa viva, através do veículo invisível do corpo sutil. Além disso, os yogues costumam passar um bom tempo nos locais onde arde o fogo ritual para atingir uma "transformação simbólica", que implica abdicar de todos os impulsos egocêntricos.[20] As diversas partes do corpo, em sua forma cósmica, tornam-se assim divindades que se juntam para formar a Divindade Cósmica.[21]

Não apenas os praticantes da yoga tântrica, mas todos os hindus que "renunciam" ao mundo (sannyasin) passam por essa transformação. Surgem então as diferentes formas do corpo cósmico; o sopro vital se avoluma com o fogo sacrificial e, a partir desse ponto, o iniciado é tido como morto para o mundo.[22] É como se ele tivesse antecipado sua morte física no sacrifício ritual. O mais importante para nossa reflexão aqui é o fato de que cada parte específica do corpo possui uma espécie de alma, divindade ou animal simbólico que lhe é própria. O que hoje denominamos inconsciente coletivo aparentemente é projetado nas diferentes partes do corpo. É claro que não se trata apenas de uma projeção. Atualmente, sabemos que sonhos com cobras ou insetos, por exemplo, podem ocorrer quando há perturbações do sistema nervoso simpático. Portanto, é bem possível que certos arquétipos estejam de algum modo ligados a determinadas áreas específicas ou funções do corpo. Em boa medida, essa é uma área ainda não pesquisada da psicologia profunda.[23] Historicamente, porém, sempre se acreditou em conexões desse tipo.

Concepções análogas podem ser detectadas, no Ocidente, na medicina de influência astrológica, embora em grau menor de sistematização do que no Oriente. Segundo a astrologia da Antiguidade, deuses celestes e signos zodiacais específicos "governam" as diferentes partes do corpo; por exemplo, Escorpião rege os órgãos genitais, Capricórnio, os joelhos, Peixes, os pés etc. Essas concepções atravessaram a Idade Média sem maiores alterações. É verdade que foram reprimidas com a vitória do monoteísmo cristão, assim como no Islã, mas tais ideias nunca chegaram a ser erradicadas por completo e, na verdade, foram reativadas durante o Renascimento. Paracelso, por sua vez, retomou-as com muita ênfase. Seguindo essa tradição, para ele o homem era um microcosmo com um céu endossomático, por assim dizer, que ele denominava "firmamento", "astrum" ou "sydus".[24] Trata-se de uma parte ou conteúdo do corpo visível, fonte da iluminação pelo *lumen naturale*.[25] Saturno influencia o baço e seu tratamento, Júpiter o fígado, o Sol o coração e a imaginação, Vênus os rins, Marte a vesícula biliar e o poder de desenvolvimento individual, a Lua o cérebro etc. As doenças também pertencem às constelações. Além disso, Arqueu (Archasius), espírito que nutre criativamente, opera no estômago.

O corpo astral em seu conjunto forma o "Adech"; isto é, o "homem superior" cósmico que vive em cada indivíduo.[26] Coincidentemente, Paracelso também se refere ao processo de mumificação dos egípcios, que usam, diz ele, um bálsamo para tornar o corpo mortal imune à decomposição e uma substância (a flor *cheyri*) para garantir longa vida.[27] Através desses meios, a *imago Dei*, ou "homem espiritual interior", é reproduzida e renovada, tornando-se imperecível.

Na alquimia, como notou Jung, a questão da liberação da natureza no homem é que foi negada e suprimida pelo Cristianismo.

Dentre os relatos disponíveis de pessoas às vésperas da morte, encontrei dois casos que parecem aludir a essas ideias alquímico-astrológicas. O primeiro é de um proeminente médico e parapsicólogo, Sir Auckland Geddee:

> No dia 9 de novembro, sábado, faltando um minuto para a meia-noite, comecei a me sentir mal e às duas horas tive uma crise aguda de gastroenterite. Às oito eu apresentava todos os sintomas de envenenamento agudo e mal podia contar o pulso ou a respiração. Quis chamar alguém, mas percebi que não era mais capaz de fazê-lo, de modo que calmamente desisti. Eu sabia que estava muito mal e repassei rapidamente minha situação financeira. Durante todo esse tempo, minha consciência esteve normal. Mas, de repente, percebi que ela se separava de outra consciência que também estava em mim. Para melhor descrever esse fenômeno, direi consciência A e B. Na sequência, meu ego e minha consciência A estavam ligados um ao outro. Notei que a personalidade B pertencia ao meu corpo. À medida

que minha condição física piorava e meu coração falhava, percebi que a consciência B, que pertencia ao corpo, começava a dar sinais de uma complicada estrutura, isto é, ela era feita de sensações físicas na cabeça, no coração e nas entranhas. Esses componentes então se separaram e a consciência B começou a desfazer-se, enquanto a consciência A, que agora era eu, parecia estar completamente fora do corpo, que nesse momento eu podia observar. Percebi aos poucos que podia ver não só meu corpo e a cama em que estava deitado, mas também tudo o que havia na casa e no jardim, e não apenas os objetos da casa, mas coisas em Londres e na Escócia, aonde quer que eu dirigisse minha atenção. Uma fonte que me era desconhecida, e que chamei de meu Mentor, me fez saber que eu estava completamente livre numa dimensão temporal do espaço, na qual o "agora" era, de certa forma, equivalente ao "lá" do espaço tridimensional da vida cotidiana. Vi então que o médico tinha sido chamado, e que ele aplicava uma injeção de cânfora em meu corpo sem vida [...] e fui trazido de volta. [...] Voltei relutante para o meu corpo.[28]

Uma paciente, tirada por seu médico de um coma diabético, relatou o seguinte:

Percebi que estava sendo levada embora por partes. Cada parte tinha uma cor diferente. Tudo era separado de meu tronco. De um lado ficava o fígado [...] de outro o coração [...] e de outro os pulmões. Eles formavam um jogo de cores, belo e profundo. E eu sabia que estava sendo levada para o reino de luz. (Quando teve que voltar ao corpo, viu seus órgãos novamente juntos.)[29]

Geddee não acompanha a desintegração da consciência B além do que relatou, mas essa mulher de fato se interessa pela de seus órgãos. Em especial, ela enfatiza suas cores, o belo "jogo de cores", também descrito por outros não tanto com respeito ao corpo, mas à experiência do Além.

Se tentarmos entender essas experiências modernas à luz do ritual egípcio dos mortos, para mim surge a seguinte hipótese: durante a mumificação, os órgãos do corpo são associados a deuses específicos, isto é, a arquétipos do inconsciente coletivo psicologicamente distintos. Estes são projetados, por assim dizer, sobre o corpo ou nele encarnados. A consciência do corpo (a consciência B de Geddee) parece dissolver-se com a aproximação da morte, como os mortos no ritual de mumificação, que antes de tudo são dissolvidos nas águas primordiais de Nun. Durante o ritual dos mortos, porém, um passo adicional é dado. O corpo deificado (transformado) é reagrupado numa nova unidade – recém-unificado ao deus-sol Ré e às outras partes da alma. A consciência A de Geddee corresponderia no Egito ao mentor, a voz que instrui, a alma *ba*, que aparece, por exemplo, no famoso texto egípcio "Diálogo de um Homem Cansado de

Viver com sua *Ba*" como um espírito instrutor. Creio, portanto, que Hampe não tem necessariamente razão quando supõe que a consciência B se dissolve definitivamente. Talvez o que ocorra seja uma dissolução momentânea, para fins de transformação. Porém esse aspecto, como um *opus*, parece de certa forma depender do esforço humano.

Hampe relata outra experiência de morte que para mim contém um enigma. Trata-se do depoimento de um paciente da Clínica Oestersund de Moléstias Infecciosas, na Suécia:

> Eu me encontrava num mundo completamente diverso [...] e num local muito alto. Apesar da escuridão, eu me sentia bem e conseguia me orientar. Olhando ao meu redor, no escuro mesmo, vi bem na minha frente um alto muro. Do lado de cá do muro havia uma escada que o acompanhava. Ela continuava para a direita, cada vez mais longe e mais iluminada, até desaparecer numa intensa luminosidade. Do ponto onde eu estava, vi, não muito distante, um pequeno homem de pele escura, enrugado e franzino. Ele queria subir a escada até a luz. Mas era como se ele não conseguisse andar. Olhando melhor, percebi que ele levava um fardo nas costas. Parecia um saco e devia ser tão pesado que seus joelhos tremiam. Eu achei que devia ajudá-lo, pois me sentia ligado a ele e responsável por ele. Ao mesmo tempo, porém, percebi que do lugar onde eu estava não era possível fazer muito.

O pequeno homem ainda não tinha avançado muito em seu caminho escuro rumo à luz. Ao seu redor tudo era negro; o caminho era como que feito de poeira de carvão. Só mais adiante é que ele se iluminava. Eu sentia compaixão por ele.

Apesar de estar sozinho com essa miserável criatura, senti por perto outra presença. Havia dentro de mim uma voz que respondia com rapidez e clareza a tudo o que eu perguntasse em pensamento. "Como sair daqui?" A voz respondeu: "Você sempre quis ter grandes experiências e fazer muitas coisas, não é? Ora, eis aí a sua chance!". "Mas não sei como fazer", eu disse. E a voz: "Você pode deixar seu corpo, que fica aí deitado. A via ascendente está aberta para você!". "Mas não seria injusto deixar para trás esse pobre coitado a meio caminho da luz?" "Você deve ajudá-lo com sua força de vontade!" "Deixar o corpo é uma proposta tentadora", eu disse, mas ao mesmo tempo continuava resistindo.

Lutei por muito tempo comigo mesmo. Então olhei novamente para o pequeno homem. Ele havia avançado um pouco mais, mas se eu olhasse parecia que ele não andava. Descobri então que ele havia crescido um pouco e que o fardo parecia menor e mais leve. Agora o homúnculo tinha pernas boas e seus joelhos já não dobravam mais. Fiquei feliz por não o ter abandonado e disse para meu "amigo": "Creio que vamos conseguir; você me deu forças por ter ficado comigo". A voz respondeu: "Como você vê, a determinação de lutar honestamente sempre conduz ao alvo".

A resposta era vaga, mas imediatamente senti calor e gratidão dentro de mim. Eu havia encontrado o meu "amigo". Ele havia despertado em mim a esperança. Nunca o esquecerei. A partir desse momento, nunca mais me senti separado dele; ele estava sempre ao meu lado e falava dentro de mim, no meu interior. Vi que o pequeno homem abaixo de mim já não carregava fardo algum. E então eu novamente estava em meu corpo, aqui na clínica. Esse episódio todo me pareceu então ridículo e desprezível.[30]

Hampe interpreta essa experiência basicamente como um esforço do enfermo de cooperar para a recuperação de seu corpo durante uma transfusão de sangue. Consequentemente, ele encara o pequeno homem escuro como sendo o corpo doente e o fardo como um pedaço do passado que o paciente precisa saber carregar. Creio que em boa parte isso está correto. Mas essa visão toca em algo ainda mais preciso. O "fardo" e o "pó de carvão", e não o "pequeno homem", é que devem ser compreendidos como sendo o corpo real, que na verdade, em grande medida, é composto de carbono. O homenzinho, pelo contrário, parece-me representar não o corpo, mas uma espécie de "espírito vital" que o anima. A experiência relatada, ou antes, esse homem diminuto, numa amplificação mitológica, remete-se à tradição alquímica, especialmente as visões de Zózimos, onde também aparece um homunculus (*anthroparion*).[31] Zózimos vê num sonho um sacerdote sacrificial num altar, com forma de vasilha, no topo de um lance de escada de quinze degraus. O sacerdote anuncia que ele é Ion, "o sacerdote dos santuários interiores", e submete-se "a um tormento insustentável". Então ele fala de um homem que chegou de manhã bem cedo, escalpou-o e desmembrou-o, fazendo com que "fosse queimado no fogo da arte, até que eu percebesse que por meio da transformação do corpo eu havia me tornado espírito".[32] O sacerdote então vomitou sua própria carne e Zózimos "viu que ele se transformava em seu oposto, um *anthroparion* mutilado, e que dilacerava a própria carne com os dentes, afundando dentro de si mesmo".[33] Zózimos então se pergunta de que forma isso tudo poderia estar ligado ao alvo da alquimia, a "composição das águas". Ele então novamente adormece e mais uma vez vê o altar com formato de vasilha no qual uma multidão de gente está sendo queimada. Um homúnculo, que também é barbeiro, explica que isso é "a transformação [...] o lugar da operação (*askeseos*) denominada embalsamamento (*taricheia*). Os que buscam a arte entram aqui e tornam-se espírito (*pneumata*), abandonando o corpo".[34] Mais adiante, o homúnculo é chamado de chumbo, de sacerdote que sacrifica e é sacrificado, e no decorrer de visões subsequentes gradualmente vai se transformando: de homem de latão, ele passa à prata e finalmente aparece como um homem de ouro sentado num templo circular construído a partir de *uma única* pedra branca. No interior do templo há "uma fonte da água mais pura, brilhante como o sol".[35]

O homúnculo aparece aqui como espírito guia (*spiritus rector*) de um processo de transformação no interior do homem, processo esse também chamado de mumificação (*taricheia*). Essa transformação é uma espiritualização e também – como sabemos com base nas fontes egípcias – uma deificação do corpo. O texto de Zózimos em várias passagens sugere, porém, que o espírito protetor do embalsamamento ao mesmo tempo representa aquilo mesmo que está sendo transformado: a matéria corpórea *e ao mesmo tempo aquilo que é sublimado em espírito, uma espécie de quintessência do corpo material*. A produção ou liberação dessa quintessência da vida do corpo foi, durante séculos, o alvo central dos alquimistas. Muito depois de Zózimos, Paracelso declarou o seguinte: "Esse é o espírito da verdade, que o mundo não pode compreender sem a inspiração do Espírito Santo, ou sem a instrução daqueles que o conhecem". "Ele é a alma do mundo", movendo e preservando tudo. Em sua forma terrena inicial (isto é, em sua escuridão saturnina original) ele é impuro, mas purifica a si mesmo progressivamente por meio de suas formas aquática, aérea e ígnea. Finalmente, na quintessência, ele surge como "corpo clarificado". "Esse espírito é o segredo que desde o começo das coisas esteve oculto."[36]

No texto de Zózimos, esse espírito, Ion, é chamado de sacerdote dos santuários interiores. Jung relaciona o nome Ion a Sabaen Jûnan (filho de Mercúrio), considerado o fundador da arte alquímica.[37] Possivelmente, esse nome refere-se também a Joun-Mutef, que era como se chamava o sacerdote da celebração de Sed, o qual transformava o rei em Osíris, isto é, propiciava sua morte e renascimento simbólicos. A palavra *joun* significa "pele", "agasalho" (!), e *mutef*, "sua mãe", o que, segundo A. Moret, é uma alusão ao simbolismo do renascimento.[38] No túmulo de Seti, o filho do rei (que representa o deus Hórus) é retratado como o sacerdote Joun-Mutef. A celebração de Sed tem o propósito de promover a renovação do rei, simbolismo este que igualmente se refere à produção do *lapis* na tradição alquímica inteira.

À luz dessa amplificação histórica, o "pequeno homem" ou "pobre coitado", na visão do paciente sueco relatada por Hampe, seria o *spiritus rector* de um processo de espiritualização ou de uma *sublimação da substância do corpo* que leva à produção do *lapis philosophorum*, ou seja, ele propicia muito mais do que a mera cura física. Com efeito, a voz na visão diz ao paciente que ele será capaz de "ter grandes experiências e fazer muitas coisas", quer dizer, observar a "grande obra" da transformação alquímica. Como essa obra não é cristã, é compreensível que o indivíduo hesite em se dedicar totalmente a ela.

A voz do "amigo" na visão deixa para o paciente escolher se ele seguirá o caminho da luz ou da morte, ou se participará do esforço do pequeno homem, mas acaba elogiando-o quando se decide pela segunda opção. Isso lembra o comportamento igualmente misterioso da *ba* (a parte imortal da alma) daquele Homem Cansado de Viver, quando, no diálogo entre ambos, surge a questão de decidir continuar vivendo ou suicidar-se. Depois de citar várias parábolas para criticar a atitude emocional, impaciente e desesperada do Homem Cansado de Viver, a *ba* não lhe dá um conselho final – de que não deveria se matar –, dizendo apenas o seguinte:

> Deixa agora o lamento, meu irmão, tu que me pertences! Podes (continuar a) debruçar-te sobre o braseiro,[39] ou novamente abraçares a vida, como dirias. Podes desejar que eu permaneça aqui, se tiveres renunciado ao Oeste, ou podes desejar atingir o Oeste e entregar teu corpo à terra, e que eu fique aqui, depois que tiveres partido (desta vida); mas, seja como for, compartilharemos da mesma casa.[40]

Como explica Helmut Jacobsohn, essa "casa" procurada pelo Homem Cansado de Viver é um estado de "união" e de "conjunção na totalidade humana" com a *ba*, "a unificação da totalidade humana".[41] O paciente citado por Hampe, que teve a visão do homúnculo, também declara, no mesmo sentido: "Eu havia encontrado o meu 'amigo'. Ele havia despertado em mim a esperança. Nunca o esquecerei. A partir desse momento, nunca mais me senti separado dele; ele estava sempre ao meu lado e falava dentro de mim, no meu interior".[42]

Psicologicamente falando, isso quer dizer que, para o Self – a totalidade superordenada ao ego –, para o homem divino interior, a questão de vida ou morte torna-se estranhamente indiferente. O que importa é apenas a grande obra, a conclusão da totalidade interior, atingida por meio da conexão com o Self. A decomposição da consciência B em seus vários componentes, observada por Sir Auckland Geddee, encarada por esse prisma, seria apenas o primeiro desmembramento ou *separatio elementorum* do trabalho alquímico, um desmembramento que parece ser do corpo, mas que, na verdade, é do "homem interior" projetado sobre o corpo, após o qual dá-se a recomposição de um corpo imortal.

Os egípcios concretizavam esse processo simbólico no corpo morto sob a forma do ritual de embalsamamento, ao qual também alude o texto de Zózimos com respeito ao homúnculo. Assim, nesse *opus* ou processo, uma parcela da energia psíquica é retirada do corpo material e reformada num novo corpo aéreo (pneumático). Pelo menos essa era a intenção básica do trabalho alquímico. Nas experiências de morte relatadas por Hampe e Moody, além da visão do homúnculo, não há alusão alguma a essa fase do processo, talvez porque ocorra quando já não há mais volta ao corpo velho. Como veremos adiante, a pedra sem peso ou a pedra não atingida pelo fogo, anteriormente mencionadas, talvez sejam uma alusão oculta a esse evento.

Capítulo 8

# A OSCILAÇÃO DA IDENTIDADE DO EGO, AS ALMAS MÚLTIPLAS E SUA FIXAÇÃO NO FRUTO

Quando se compara as experiências de morte publicadas por Moody, Osis, Hampe e Sabom percebe-se que o ego e a consciência do ego muitas vezes se apresentam estranhamente alteradas. Há vários depoimentos em que o sobrevivente relata sua experiência do ponto de vista do ego, aparentemente idêntico ao ego normal da vida cotidiana. Esse ego de cada dia confronta-se então com uma "voz" ou "amigo interior", que na psicologia junguiana seria interpretado como personificação do Self.

Em alguns casos, esse ego cotidiano parece confundir-se parcialmente com o Self. Moody cita o caso de um homem (já comentado em outro capítulo) que num estado de coma profundo (causado por bronquite asmática) encontrou um "ser de Luz": "Era apenas uma bola de luz, quase como um globo, e não muito grande, de doze a quinze polegadas de diâmetro".[1] Uma mão, que se estendia na sua direção, convidava-o a acompanhá-la; ele começou a flutuar, acompanhando o ser luminoso no quarto do hospital. "No mesmo instante em que me juntei a ele [...] e me tornei um espírito, nós havíamos de certa forma nos tornado um só. É claro que éramos também duas coisas distintas. Mas ele tinha pleno controle do que acontecia comigo."[2] Aí temos a descrição de uma íntima associação entre ego e Self, *mas não uma completa fusão de ambos*.

Em outro relato, o ego cotidiano é a tal ponto alterado que chega a assemelhar-se ao Self:

> Meu novo ego já não era mais o velho ego conhecido, mas antes uma sublimação deste, digamos assim, mesmo que de certo modo me fosse familiar, como algo que eu sempre tivesse conhecido, mas que estivera soterrado por uma superestrutura de medos, esperanças, vontades e desejos. Esse ego não tinha nada a ver com o ego deste mundo. Era um espírito absoluto, imutável, indivisível e indestrutível. Embora absolutamente único, enquanto indivíduo e impressão digital, ao mesmo tempo fazia parte de um todo ordenado e infinito.[3]

Os dois aspectos, ego e Self, estão quase completamente unidos aqui, mas o sentimento do ego continua sendo *parte* de um todo maior. Em visões que teve no limite da morte, Jung descreve uma mudança semelhante em seu ego cotidiano:

> Eu sentia que tudo estava se desprendendo; tudo o que eu havia buscado, desejado ou pensado, toda a fantasmagoria da existência terrena desabou ou foi arrancada de mim — um processo extremamente doloroso. Algo porém ficou; era como se agora eu carregasse comigo tudo o que eu já havia experimentado ou feito, tudo o que acontecera comigo. Eu poderia também dizer: isso tudo estava comigo, e eu era isso. Eu era constituído daquilo tudo, por assim dizer. Eu era feito de minha própria história e sabia com toda a certeza: é isso o que eu sou. "Eu sou esse feixe do que existiu e do que foi realizado."
>
> Essa experiência me provocou uma sensação de extrema pobreza, mas ao mesmo tempo de plenitude. Já não havia mais nada que eu desejasse. Eu existia de forma objetiva; eu era o que tinha sido e vivido. No princípio predominou a sensação de aniquilamento, de ter sido destituído ou espoliado; mas de repente isso já não tinha mais importância. Tudo parecia ter passado, o que restava era um *fait accompli*, sem ligação com o que havia sido. Não havia mais pena alguma de que algo houvesse se perdido ou tivesse sido tirado de mim. Pelo contrário: eu tinha tudo o que eu era, e isso era tudo.[4]

O ego objetivo e "alterado" de Jung, que tinha "tudo o que (ele) era", nos lembra a ideia de Simão Mago sobre aquele "fruto" da árvore da vida que sobrevive à destruição desta. Esse novo ego parece ser uma espécie de quintessência vivida, que ao mesmo tempo é o término da vida. O budismo também ensina que nossas experiências e ações se transformam num "grão" que representa o "fruto de nossos feitos". Esse grão sobrevive numa dimensão pós-morte.[5] Na passagem de Simão Mago citada anteriormente, o fruto da árvore da vida que sobrevive à morte é a imagem de Deus na alma do homem – o Self, em linguagem junguiana. O *doppelgänger* imortal do homem é também mencionado na religião persa como fruto da fé vivida. E finalmente o tema do fruto também aparece em sonhos modernos. A psicoterapeuta Liliane Frey relata um sonho que ilustra bem esse tema. Trata-se do caso de um homem de 80 anos que conscientemente tinha muitas dúvidas sobre a possibilidade de uma vida após a morte. Pouco antes de morrer, ele sonhou o seguinte:

> Uma ameixeira velha e doente inesperadamente produz uma porção de frutos num de seus galhos. Na ponta de um ramo há até mesmo duas ameixas douradas. Com muita alegria, mostro esse milagre à minha filha e ao meu filho.[6]

Na alquimia, o *lapis* costuma ser descrito como o fruto das árvores do sol e da lua, uma transfiguração final da vida já vivida, representada pela própria árvore. Esse fruto ou resultado final parece mesmo capaz de continuar a ter efeitos sobre o inconsciente coletivo. Assim, um homem que sofrera muito em sua vida profissional sonhou o seguinte, pouco antes de morrer:

> Uma voz que fala uma língua oriental me diz: "O seu trabalho e a sua vida, que você suportou conscientemente, redimiram centenas de pessoas na sua geração e terão uma influência iluminada sobre outros tantos em gerações vindouras".[7]

Esse sonho parece responder a uma questão que costuma preocupar os que refletem: por que certas pessoas "importantes" e de valor passam despercebidas e não são reconhecidas, sofrendo em consequência disso durante toda a vida, enquanto outras, vazias e insensíveis, são aclamadas por quase todos? Segundo esse sonho, há uma compensação invisível. O sofrimento e a dor *conscientemente* vividos parecem ter sua própria recompensa — seu fruto —, mas às vezes só no Além, como de fato repete o ensinamento cristão. A diferença, porém, é que a imagem do sonho não é de prêmio ou castigo, mas de algo mais objetivo. O sofrimento conscientemente vivido tem um efeito redentor sobre o passado e o futuro da humanidade, exercido invisivelmente a partir do Além (do inconsciente coletivo). Compreender isso, porém, já é sem dúvida a maior recompensa que alguém poderia esperar da vida. A esse respeito, Edinger relata um impressionante sonho, de uma pessoa que logo viria a morrer:

Fui incumbido de uma tarefa muito difícil. Uma tora de madeira dura e pesada está toda encoberta, numa floresta. Eu tenho que descobri-la, serrar ou talhar uma peça circular e depois entalhar um desenho. O resultado deve ser preservado a qualquer preço, pois representaria algo que não acontece mais e que não pode se perder. Ao mesmo tempo, uma fita deve ser gravada com a descrição da peça e seu significado. Ao final, a peça de madeira e a fita devem ser entregues à biblioteca pública. Alguém diz que só a biblioteca saberá como evitar que em cinco anos ela não esteja deteriorada.[8]

Edinger interpreta esse objeto como sendo a quintessência – o alvo e a plenitude da existência física. Essa quintessência deve ser consignada como um incremento permanente a uma biblioteca coletiva ou transpessoal como uma espécie de "tesouro espiritual". Essa imagem é um impressionante paralelo à ideia de Simão Mago de que o "fruto" deve ser depositado num "celeiro celestial".

Esse fruto no Além costuma ser descrito como pedra filosofal, fruto de ouro, corpo de diamante etc., isto é, algo estável, completo, ao passo que a consciência do ego, que ainda vive no tempo, experimenta a si mesma mais como um "fluxo" de representações. No relato de Jung, o que parece se desprender do ego cotidiano são as esperanças, vontades, desejos, medos etc., ou seja, o relacionamento emocional com o futuro; o que fica é o que era e é. Essa vontade, medo, desejo etc., parece provir da consciência B de Geddee, que aparentemente está muito ligada à esfera somática.

Outro caso estudado por Moody apresenta a relação entre "ego purificado" e Self (o ser luminoso) nos seguintes termos: "Quando meu coração parou de bater [...] eu me senti como se fosse uma bola, e também uma pequena esfera, dentro dessa bola. Não consigo descrever exatamente como era".[9] Essa imagem impressiona, pois parece retratar a relação "certa" entre ego e Self, isto é, o ego é parte do todo e ao mesmo tempo forma com o todo uma coisa só. É precisamente essa relação entre ego e Self que a psicologia junguiana tenta estabelecer num analisando ou analisanda.[10] Pois se o ego se identifica com o Self, ele sofre uma inflação; e, caso se afaste demasiadamente do Self, cai em "vontade, esperança, medo e desejo" e se perde no mundo. O exemplo acima ilustra a estranha e paradoxal relação entre o ego purificado e o Self. Às vezes o ego é descrito como sendo idêntico ao Self; outras, como algo separado, ou como uma bola dentro de outra maior. Enquanto não se purificar, o ego cotidiano sente-se claramente separado do Self; mas quando completo, ele se torna em boa medida idêntico ao Self. Mesmo assim, a consciência necessária para a percepção do Self não se extingue. O ego, diz Jung,

> é uma parte essencial do Self, e pode ser usado *pars pro toto* quando se tem em mente o significado da consciência. Mas se quisermos enfatizar a totalidade psíquica, é melhor usar

o termo "self". Não se trata de uma definição contraditória, mas apenas de uma diferença de ponto de vista.[11]

A imagem da bola contida em outra maior é, portanto, uma bela representação da relação entre ego e Self.

Mas algo se perde com a morte. Além da cessação dos afetos, desejos e emoções, muito daquilo que chamamos "calor humano" também parece desaparecer. É possível às vezes observar esse aspecto em pessoas no processo de morte, as quais apresentam reações estranhamente "distantes" e "desligadas". Como se as relações humanas já não importassem mais.[12] O que parece cessar por meio da purificação é, portanto, o ato de querer, de temer e de desejar do ego. Isso ficou claro para mim através de um sonho que tive três semanas após a morte de meu pai. Ele morreu de repente, na minha ausência, e eu naturalmente me preocupava com o problema de sua partida. Meu sonho foi o seguinte:

> Eram mais ou menos dez horas da noite e fora estava escuro. Ouvi a campainha tocar e nesse momento eu "sabia" que era meu pai. Abri a porta e lá estava ele, segurando uma mala. Eu me lembrei que o *Livro dos Mortos* tibetano dizia que era preciso contar às pessoas que morriam de repente que elas estavam mortas, mas, antes que eu pudesse fazê-lo, ele sorriu e disse: "É claro que eu sei que estou morto, mas será que não posso visitá-la?". Eu disse: "Claro, entre", e perguntei: "Como vai você agora?

O que tem feito? Está feliz?". Ele respondeu: "Deixe-me lembrar o que vocês, os vivos, chamam de feliz. Sim, na sua linguagem, estou feliz. Estou em Viena (lugar onde nasceu, que amava e de que sempre teve saudade), estudando na academia de música". Então ele entrou em casa, nós subimos a escada e eu fui levá-lo ao seu antigo quarto. Mas ele disse: "Oh, não, agora sou apenas um hóspede" e foi para o quarto de hóspedes. Depois de pôr a mala num canto, ele disse: "Não é bom nem para os mortos nem para os vivos ficarem juntos muito tempo. Deixe-me agora. Boa noite". E fez um sinal para que eu não o abraçasse e fosse embora. Fui para o meu quarto, pensando que tinha esquecido de desligar o fogão elétrico e que havia perigo de fogo. Nesse momento, acordei suando e sentindo muito calor.

Jung interpretou esse sonho no nível objetivo, isto é, como um sonho que dizia respeito ao meu pai real.[13] Ele disse que meu pai estava em Viena, sua querida cidade natal; ele tinha "voltado para casa", como às vezes se diz, simbolicamente, dos mortos. Meu pai tinha uma inclinação musical, mas nunca desenvolveu esse dom; parece então que ele estava retomando algo que durante sua vida fora negligenciado. Mas aquela estranha observação a respeito de estar "feliz" é que importa. Suas ideias sobre felicidade certamente diferem muito das que tinha quando vivo. Isso lembra aquele conto de fada da Bretanha (comentado no capítulo 3), no qual o personagem vivo acha que a Morte esbofeteia brutalmente a esposa, enquanto para esta os tapas são beijos carinhosos. Tem-se a impressão de que após a morte os sentimentos tornam-se tão diversos que já não se pode mais expressá-los na linguagem dos vivos.

Também é digno de nota, nesse sonho, o tema final do fogão superaquecido e o fato de que eu sentia calor ao acordar. A interpretação de Jung foi que o contato com a "frieza" do mundo dos espíritos produziu uma forte reação física como defesa contra o perigo de um contágio com o frio da morte. Esse tema é posteriormente desenvolvido numa carta de sua autoria.[14] Seu correspondente havia sentido a "presença" espiritual do irmão (que morrera num acidente na África Ocidental), e num sonho ele e o espírito do irmão haviam conversado. Nesse sonho, o irmão repentinamente se atirou num lago e o sonhador viu um formigueiro. A partir de então o contato se desfez. O sonhador disse que era como uma conversa por telefone em que a linha ia caindo aos poucos; sabe-se que a outra pessoa ainda está lá, mas sua voz fica cada vez mais distante. Em sua carta, Jung disse a seu correspondente que ele havia de fato falado com seu falecido irmão:

> Não se pode, é claro, conceber uma existência relativamente fora do tempo e do espaço, mas em termos psicológicos e empíricos ela resulta em manifestações da contínua presença dos mortos e sua influência em nossa vida onírica. Eu, portanto, observo tais experiências com a maior atenção, pois revelam de forma muito peculiar

coisas com as quais sonhamos, quando estruturas "psicológicas" aparecem como condições existenciais. Essa presença contínua é também apenas relativa, já que algumas semanas ou meses depois a conexão torna-se indireta ou chega mesmo a romper-se, embora reencontros espontâneos possam ocorrer mais tarde. Com efeito, depois desse período, desaparece a sensação de presença dos mortos. A conexão tem seus perigos, pois envolve em demasiado grau a consciência dos vivos naquele estado transcendental, provocando inconsciência e fenômenos de dissociação. Isso se reflete em seu sonho ou visão do caminho que leva ao lago (o inconsciente). Nesse lugar, um formigueiro, isto é, o sistema nervoso simpático (a inconsciência mais profunda e o perigo de dissolução de elementos psíquicos sob a forma de formigas que trituram) está sendo ativado. [...]

No que diz respeito a um contato com seu irmão, eu diria que o mesmo é possível enquanto perdura a sensação de presença do morto. Mas não é aconselhável fazer experimentos nessa área devido ao perigo de desintegração da consciência. Para ficar em terreno seguro, é melhor contentar-se com experiências espontâneas. Forçar esse contato torna as assim chamadas comunicações cada vez mais tolas,[15] ou produz uma perigosa dissociação da consciência. Os dados indicam que sua conversa com seu irmão é uma experiência genuína que não deve ser "psicologizada". O único distúrbio "psicológico" é representado pelo lago e pelo formigueiro. Foi nesse momento que, talvez de ambos os lados, o contato extremamente difícil entre as duas formas de existência não podia mais ser mantido. Certas experiências indicam que os mortos por assim dizer se emaranham na fisiologia (sistema nervoso simpático) dos vivos, o que provavelmente resultaria em estados de possessão.[16]

O fogão superaquecido de meu sonho, em contrapartida, seria uma defesa fisiológica contra um possível emaranhamento desse tipo. *De qualquer modo, o sonho enfatiza que não deve haver contato excessivo entre o mundo dos vivos e o dos mortos, pois cada um é de certa forma um perigo para o outro.* A esfera dos desejos, sentimentos e afetos parece alterar-se significativamente no Além.

O ego de uma pessoa em estado de coma perde o contato não só com o corpo físico, mas também com a esfera dos afetos ou emoções (medos, vontades, desejos). Em contraste com alguns dos relatos aqui reproduzidos, Jung sentiu isso basicamente como uma perda. Alguns referem-se à solidão desse estado. Um paciente disse: "É um sentimento horrível, de total isolamento e solidão. Eu sabia que estava completamente só".[17] E outro:

> Eu tinha consciência o tempo todo de estar só, absolutamente só – como se eu fosse um visitante de outro lugar. Era como se todas as relações estivessem cortadas. Eu sei – era como se não houvesse amor nem nada. Tudo era técnico demais. Na verdade, eu não compreendo.[18]

Jung também se refere a uma estranha ausência de calor humano no Além, onde, no entanto, parece possível algo como um relacionamento objetivo:

> Em geral, os laços emocionais são muito importantes para os seres humanos. Mas eles ainda contêm projeções, e é essencial superá-las para encontrar a si mesmo e atingir a objetividade. As relações emocionais são relações de desejo, contaminadas pela coerção e pelo constrangimento; esperamos algo do outro, e isso tira a sua liberdade e a nossa. O conhecimento objetivo oculta-se atrás da atração da relação emocional: esse é o segredo central. A *coniunctio* só é possível por meio do conhecimento objetivo.[19]

A incerteza resultante desses testemunhos todos, sobre o que realmente sejam o ego e a consciência e qual sua capacidade de transformação, tem vastos antecedentes históricos. A maioria dos povos que vivem próximo da natureza acredita que o homem tem não apenas uma, mas várias almas, que após a morte se separam.[20] Os etnólogos usam o termo alma para designar o ponto focal do pensamento, sediado na cabeça ou no coração, que sobrevive à morte e continua a existir no Além[21] – trata-se, na maior parte dos casos, de uma "alma livre" ou "alma-ego" (no material que utilizamos aqui, essa alma corresponderia à relação entre o ego e o ser luminoso [Self] ou ego purificado). Outra alma, denominada "alma-imagem", é uma espécie de espelho, que aparece também na sombra projetada pelo corpo, nos sonhos, nas visões e na inconsciência. Alguns povos acreditam que ela vive fora da pessoa sob a forma de alma do mato ou alma externa, ou então num objeto, ou num receptáculo. Essa alma também continua a existir depois da morte, como um espírito. Em nosso contexto, ela corresponderia à *ba* dos egípcios, que normalmente surge depois da morte.

Vários povos tribais, que vivem em estreita ligação com a natureza, acreditam na existência de ainda outra alma, uma espécie de "sopro" ou "alma vital". Trata-se neste caso da força que anima a vida do organismo, sendo portanto mais corpórea do que a alma-imagem. Acredita-se que também essa alma continua a existir, só que em outro lugar, numa espécie de submundo; entre outros povos, porém, sustenta-se o contrário, ou seja, essa alma morreria com o corpo.[22] É claro que a palavra "alma" deve ser usada aqui com muito cuidado, pois não há relação alguma com o uso que comumente dela fazemos. As imagens também variam, ou se sobrepõem. (Por exemplo, no Egito a "alma livre" corresponderia à *ba*, mas em alguns casos à *ka*, enquanto sombra ou imagem espelhada.) A "alma vital" ou "sopro" corresponderia em nosso contexto à consciência B de Geddee, ou ao homúnculo da visão do paciente sueco. Embora muitos povos acreditem em quatro, cinco ou mais (até treze) almas no homem,[23] o mais comum é encontrarmos uma bipartição: uma alma livre (não encarnada) e espiritual, e outra mais ligada ao corpo físico. Do ponto de vista da psicologia profunda, porém, *ambas* são aspectos de *uma só* totalidade psíquica, o Self. Assim sendo, é como se o Self, o centro divino do ser humano, possuísse dois aspectos: um não encarnado, puramente espiritual, eterno; e o outro demiúrgico, manifesto na matéria. "Redimir" e reunir esta última com seu aspecto eterno *depende*, segundo os alquimistas, *do esforço humano*; sem esforço, ninguém se torna inteiro. Desse ponto de vista, a verdadeira ressurreição é exatamente *essa* união dos dois aspectos do Self – um segundo casamento na morte. No século XIII, o alquimista Petrus Bonus descreveu essa segunda união nos seguintes termos:

> Na ressurreição ou conjunção, o corpo se torna tão espiritual como a própria alma, e eles se tornam um só, tal como ocorre quando se mistura água com água, pois entre eles já não há mais diferença alguma, e sim uma unidade dos três, espírito, alma e corpo, na eternidade.[24]

Na alquimia taoista, podemos encontrar uma ideia paralela de dualidade a ser superada. De modo geral, os chineses achavam que, quando alguém morria, acontecia em primeiro lugar uma bipartição,[25] em consequência da qual a alma corpórea (*p'o*) desce, enquanto a alma espiritual (*hun*) sobe. A alma *p'o* (a consciência B de Geddee) se dissolve, mas não desaparece; suas "unidades" separam-se, mas continuam a existir como forças ou tendências prestes a assumir uma nova forma de ser na "alma da terra", que em linguagem psicológica quer dizer o inconsciente coletivo. Uma espécie de consciência espiritual, por outro lado, é alcançada em *hun*. Mas se não tiver corpo, esta gradualmente dissipar-se-á numa segunda morte, a não ser que o indivíduo, durante a vida, tenha a tal ponto se concentrado em sua futura existência que um corpo sutil o envolva, *um corpo de pensamentos e feitos* (novamente o fruto!) de natureza espiritual, que sustenta *hun* e o protege de dissociação. Por outro lado, quem não tiver construído para si esse espírito-corpo depende, para continuar a existir, de que seus descendentes pratiquem o culto aos ancestrais, para que o indivíduo novamente se encarne entre os seus.

Jung observou uma bipartição desse tipo em pessoas na iminência da morte. Numa carta, ele comenta uma estranha mudança ocorrida numa paciente terminal, que parecia subsistir num estado de êxtase:

> Tal coisa só é possível quando há um desligamento da alma em relação ao corpo. Quando isso ocorre e o paciente continua a viver, é quase certo que ocorrerá uma deterioração do caráter, na medida em que *a parte superior e essencial da alma já partiu*.[26] Uma experiência desse tipo indica uma morte parcial. Trata-se sem dúvida de experiência extremamente pesada para os outros, que se veem diante de alguém que parece perder a personalidade que tinha e só se desmoraliza. [...] É o homem inferior que continua a viver no corpo, é a própria vida do corpo.[27]

A observação de Jung é semelhante à descrição que os chineses fazem da separação entre *hun* e *p'o* no momento da morte. Jung prossegue:

> Os idosos e os gravemente enfermos costumam cair em estados de ausência ou distanciamento, que eles mesmos não sabem explicar, durante os quais provavelmente ocorre o desligamento. Às vezes, esse processo dura muito tempo. É muito raro poder-se investigar o que se passa nesse estado; para mim, é como se essa condição tivesse uma consciência própria,[28] tão distante de nossa consciência cotidiana, que é quase impossível traduzir seus conteúdos em termos compreensíveis a esta. Devo dizer que já tive algumas experiências desse tipo, que me proporcionaram uma ideia bastante diversa do significado da morte.[29]

Eu também observei esse estado psíquico em algumas pessoas. Duas consciências coexistiam: uma, superficial e cotidiana, parecia não ter a menor noção da proximidade da morte e ainda fazia planos mundanos; outra, mais profunda e mais séria, de vez em quando se manifestava, deixando claro que a pessoa sabia muito bem que seu fim estava próximo e que se preparava para enfrentá-lo.[30]

É de supor-se que essa "consciência mais profunda" pertença ao Self, que parcialmente se encontra além do tempo e do espaço, e que portanto seja a parte do ser humano que sobrevive à morte.[31] A alma *p'o* dos chineses, ou força vital imanente ao corpo, mantém uma espécie de herança impessoal – poder-se-ia dizer que ela tem "complexos" – que não pertencem apenas ao indivíduo.

Em outra carta, Jung diz o seguinte: "Nossa vida não é inteiramente feita por nós mesmos. Sua parte mais substancial provém de fontes que nos são ocultas. Os complexos podem ter origem séculos antes do nascimento de um homem. Há de fato algo como um karma".[32] Os antigos chineses formulavam esse *insight* nos seguintes termos: Os elementos físico-anímicos e vegetativos de *p'o* "são dispersos e assumem uma nova existência".[33] Eles penetram na "alma da terra", espécie de reservatório vital do qual emanaram os ancestrais e de onde novamente provirão os netos – isto é, o inconsciente coletivo. "Os escolhidos, porém, em vez de caírem nessa dispersão, podem tornar-se *shen* – agentes da divindade"[34] – não precisando mais voltar.

Esses são os que, através da meditação, conduziram sua enteléquia a um contínuo "círculo de luz". O famoso texto de alquimia taoista *O Segredo da Flor de Ouro* diz respeito a essa grande tarefa. Salta aos olhos a analogia com a alquimia ocidental e o culto egípcio dos mortos. O homem precisa de um *opus* espiritual para chegar ao corpo da ressurreição (segundo o budismo, o corpo de diamante). Em primeiro lugar, devemos voltar à dualidade *hun-p'o*. A finalidade do *opus* taoista-alquímico, ou desse tipo de meditação, não é suprimir os pensamentos de *p'o*, que pertencem ao princípio feminino yin, mas transformá-los em pensamentos de *hun* (yang).[35] Os pensamentos de yin são "distintivos" e discriminadores. Sua fonte é uma consciência que se voltou para o mundo exterior; somente após sua transformação é que se firmam no tao, o princípio criativo e harmonioso do universo. A consciência dessa forma transformada é também chamada de "embrião sagrado"; trata-se do corpo dharma, forma superior de consciência.[36]

*P'o* é aquele ego que ainda espera, deseja, quer, sente medo e, portanto, deixa a energia vital (*ch'i*) escapar para o plano externo. Corresponde à consciência B de Geddee, ou a um ego cotidiano ainda não purificado. O trabalho consiste em transformá-lo numa consciência interiorizada e espiritual. É esse o "fruto" preservado após a destruição do corpo pela morte, o "grão de trigo".[37]

Consequentemente, portanto, esse "corpo" que sobrevive à morte seria constituído, em termos psicológicos, de tudo aquilo que no decorrer da vida o indivíduo levou do inconsciente coletivo à consciência. Aquilo que o ego cotidiano pensa, faz, sente etc. durante o dia escapa para o plano externo e aí acaba por se perder. Mas quando algo significativo, reconhecível por meio de forte emoção, irrompe em nossa vida, temos a chance de tornar consciente seu sentido arquetípico (isto é, espiritual). Dessa forma, uma parcela de algo infinito e eterno se manifesta em nossa existência terrena, o que significa, literalmente, que se torna real.

Portanto, os afetos e emoções que pertencem à alma-corpórea não deveriam ser reprimidos e "superados" (como recomendam alguns ensinamentos cristãos). Devemos confrontá-los em nós mesmos e procurar o sentido profundo que se oculta atrás de sua expressão exterior de desejo e vontade de agir. Em geral esse confronto não termina sem luta, pois é da natureza dos afetos seduzir-nos a agir impulsivamente ou manter-nos com tenacidade nas circunstâncias que nos são dadas no mundo exterior. Por outro lado, concentrar-se no significado profundo de tais impulsos requer uma decisão consciente, confrontando as próprias emoções. Esse é, em última análise, o sentido da cruz ou crucificação no cristianismo: suportar integralmente o conflito entre emoções violentas e seu significado espiritual. Este, porém, só se revela quando se confronta o conflito sem reservas. Aí então ocorre (não se pode fazê-la acontecer) uma transformação que leva à união de opostos, e dessa união aparentemente emerge o corpo glorificado que sobrevive à morte e que os alquimistas denominavam sua "pedra".

# Capítulo 9

# A RESSURREIÇÃO FINAL, REUNIÃO DA PSIQUE COM O CORPO

A parte mais relevante do texto de Komarios prossegue dizendo o seguinte:

> Mas quando o fétido e obscuro espírito (pneuma) tiver sido removido e já não seja perceptível mais nenhum odor ou cor da escuridão, o corpo é então iluminado e alma, corpo e espírito se regozijam porque a escuridão terminou. E a alma clama ao corpo iluminado: "Desperta do Hades, levanta-te do túmulo e acorda da escuridão. Pois estás revestido de espiritualidade e divindade. Pois soou o chamado da ressurreição e o medicamento da vida (*pharmakon tes zoes*) penetrou em ti". Espírito e alma novamente se regozijam no

corpo que agora habitam, e a alma, cheia de alegria, apressa-se a abraçar o corpo. E a escuridão já não mais impera, pois subordinou-se à luz e dela não se separará mais na eternidade, e ela (a alma) se regozija em sua casa, porque o corpo ficou oculto na escuridão, mas (o espírito) o encontrou cheio de luz. E a alma se uniu ao corpo, pois o corpo ficou divino por meio de sua relação com ela, e habitou a alma. Pois o corpo revestiu-se de luz da divindade, e a escuridão o deixou, e no amor uniram-se corpo, alma e espírito, e tornaram-se um só. Nisso se oculta o mistério.

Mas o mistério cumpriu-se quando eles se uniram; a casa foi selada e a estátua (*andrias*) erigida, cheia de luz e divindade. Pois o fogo os transformou num só, que nasceu de seu útero. Do mesmo modo, ele nasceu do útero da água e do ar, que serve a eles (os corpos), e (o ar)[1] os levou da escuridão para a luz, do sofrimento para a radiância, da fraqueza para a saúde e da morte para a vida. Eles se revestiram de divina glória espiritual (*doxa*), que antes não tinham, e onde está todo o mistério oculto, pois o divino não pode ser alterado. Mas devido à sua natureza ativa, os corpos se penetram uns nos outros, saindo da terra, revestem-se de luz e divina glória, conforme é de sua natureza. [...] E essa glória os levou a uma unidade, e a estátua (ou imagem: *eikon*) completou-se, tendo corpo, alma e espírito, e tornaram-se um só. Pois o fogo subordinou-se à água e a parte terrena[2] ao ar. Do mesmo modo, o ar com o fogo e a terra com a água e a água com a terra e com o ar. Eles também se tornaram um só. As plantas e a fumaça fuliginosa (*aithalon*) tornaram-se uma só e a natureza e os elementos divinos tornaram-se divinos. Naturezas dominaram naturezas e as conquistaram e, assim, naturezas e corpos se transformaram [...] pois o fugidio penetrou o não fugidio, o forte penetrou o fraco e todos se tornaram um só.[3]

A essa passagem seguem-se algumas observações gerais sobre a organização do cosmo e a estrutura do "polo celeste" astrológico. O texto prossegue a partir daí:

E agora eu vos digo que o céu se move conforme os quatro elementos e nunca fica em silêncio. Estes (quatro elementos) foram plantados em nossa terra etíope, da qual são extraídas plantas, pedras e substâncias divinas (*somata*), que Deus (ali) plantou e não o homem. Mas o criador em cada um implantou um poder, em alguns um poder de verdejar, em outros um poder de não verdejar, em alguns a secura, em outros a umidade, em alguns o poder de fixar-se, em outros o de separar-se, em alguns o poder de possuir e em outros o de retirar-se. E em seus encontros eles conquistaram-se uns aos outros [...] e há alegria naquele que reluz no interior de outro. E surge aquela natureza una que persegue e rege todas as naturezas, e esta conquista todas as demais, quer dizer, o fogo e a água, e transforma todos os seus poderes. E eu vos digo que o alvo (dessa natureza una) é: quando se completa, torna-se um remédio fatal que circula no corpo. Assim como entra em seu próprio corpo, também penetra os (outros) corpos. Na putrefação e no calor (é criado) um remédio que penetra todos os corpos sem que nada o detenha.[4]

O que parece ter importância aqui é o fato de que a reunião de corpo e alma não é mais uma união de opostos, uma vez que o corpo já não é mais corpo, mas tornou-se também psique, e sim a unificação da natureza única. Portanto, é a *alma*-corpórea

**Fig. 12** – O pássaro *ba*, incrustado com pedras semipreciosas, aloja-se no peito da múmia. Dessa união entre alma *ba* e alma *ka* emerge "Ach"; "este ser transfigurado".

que é assimilada e integrada, e não o corpo físico. Essa ideia também é exposta por Petrus Bonus, que em seu tratado *Pretiosa margarita novella* diz o seguinte:

> O conhecimento da arte permitirá aos velhos filósofos saber que se aproximava o fim do mundo e a ressurreição dos mortos, quando a alma se unirá para sempre a seu corpo original. O corpo ficará totalmente transfigurado (*glorificatum*), incorruptível, e com incrível luminosidade e sutileza penetrará todos os sólidos. Sua natureza será tanto espiritual quanto corpórea.[5]

É impossível interpretar em detalhes cada sentença do obscuro texto de Komarios, traduzido de maneira imprecisa e parcialmente danificado. Selecionei, portanto, apenas os temas formulados com alguma clareza. Um tema, porém, deve ficar bem claro: a produção do elixir alquímico (sinônimo de pedra filosofal) estava, desde o começo, associada à ressurreição dos mortos.

O que surgia ao final do processo recebia, entre outras, a denominação de *andrias*, uma estátua com forma humana – algo sólido e ao mesmo tempo um elixir mortal que na verdade era uma droga, um veneno, um remédio capaz de penetrar todos os sólidos.

O processo de ressurreição descrito nesta parte do texto consiste numa reunião entre *pneuma* ("espírito"), *psyche* (alma) e o corpo purgado, deificado ou transfigurado. No Egito, o tema relativamente análogo seria a união de *ba*, de *ka* e da múmia.

A resultante era chamada de "este ser transfigurado [Ach]". No início, o corpo deificado continuava relativamente morto ou imóvel, até que *ba* e *ka* se unissem a ele.[6] Só então é que o falecido se tornava um *ach*, um ser transfigurado, novamente cheio de vida.

*Ba* era a parte movente e não estacionária da alma. Tinha a forma de um pássaro, realçando assim sua natureza espiritual, mas também era representada como uma estrela ou um ser humano.[7] No hieróglifo correspondente a estrela, reafirmava-se a relação entre *ba* e a esfera celeste.

Helmut Jacobsohn afirma que a *ba* representa a individualidade ainda inconsciente, o mais profundo centro do ser (a "base da alma", na linguagem dos místicos cristãos). Ela se manifesta como voz interior, sendo ao mesmo tempo a quintessência do homem natural interior *e* uma divina *coincidentia oppositorum*.[8] Por outro lado, a *ka* (geralmente traduzida por "sombra") parece ter uma conexão maior com a força vital, a potência e as aptidões de uma pessoa. É uma espécie de duplo, que no entanto vive dentro do corpo e é por assim dizer "capturada" após a morte na estátua do morto. Ideias semelhantes subsistem ainda hoje na Nigéria setentrional e na região do Volta.[9]

No texto de Komarios, o resultado da união é denominado *eikon* (retrato). No mundo das ideias gregas, o conceito de alma (*psyche*) também era multifacetado e flexível.[10] Para Homero, psique e *eidolon* (imagem) eram originalmente a mesma coisa, e por ocasião da morte ambas iam para o Hades. Além disso, havia também *thymos*, que poderia ser interpretado como "impulso vital". Este era mortal.[11] A imagem (*eidolon*) era também concebida como uma espécie de máscara visível, atrás da qual oculta-se o incompreensível. Segundo Heródoto, os gregos foram influenciados pelos egípcios em sua concepção de que a alma era imortal[12] (Platão e Píndaro, por exemplo); e, para Aristóteles, a alma tornou-se uma enteléquia que constrói seu próprio corpo. Mas ela também contém o *nous* imortal – a alma da razão –, que pertence mais à esfera divina da existência. A ideia que os romanos tinham de *genius* passou por transformação análoga. Inicialmente, o *genius* era concebido como sendo a essência mortal do ser ou da identidade do indivíduo. Mais tarde, sob a influência greco-egípcia, passou a significar a entidade que sobrevive à morte.

No Egito, como já foi mencionado, a múmia era denominada "imagem". O deus-terra Aker guarda a "grande imagem", mas ao mesmo tempo a múmia é um "mistério", porque é exatamente nela que o processo de transformação principia. A *ka* – com as qualidades que os romanos atribuíam ao *genius* – permanece próxima à múmia ou a uma estátua do extinto, ao passo que a *ba* é capaz de acompanhar o deus sol no mundo superior em seu trajeto pelo céu, ou então ela se junta às estrelas circumpolares que "nunca se põem". No texto de Komarios, que sem dúvida baseia-se em ideias egípcias, pneuma, psique e soma se reúnem. Pneuma provavelmente refere-se a *ba*, e psique a *ka*. É bom lembrar que não se deve tomar essas "traduções" literalmente demais, pois mesmo os gregos e os egípcios aplicavam esses termos a conceitos vagos e flexíveis. O terceiro elemento no texto de Komarios é o corpo purificado, revestido de glória (*doxa*), ou seja, a múmia reanimada através do pneuma e da psique. É esse cadáver animado que os textos egípcios costumam denominar *ach*, o ser transfigurado.

A transfiguração é também descrita como a aquisição de vestes luminosas. No Livro de Am-Tuat, na oitava hora, Ré diz o seguinte aos deuses da múmia: "Vossas vestes vos ornamentam, vossas vestimentas vos protegem". E no Livro dos Portões, às múmias reanimadas são dirigidas as seguintes palavras: "Salve, Achu (mortos transfigurados, mortos benditos) [...] Salve, seres do mundo subterrâneo. [...] Que possais brilhar através de vossas vestes (brancas!), que possais reluzir no brilho de Ré". No Livro das Cavernas está escrito que as múmias são "vestidas à semelhança de Osíris",[13] da mesma forma que o texto de Komarios diz que o corpo dos mortos é ornado "com glória divina" (*doxa*).

Esse tema da *doxa* parece-me estar ligado não apenas à tradição egípcia, mas ainda mais a ideias persas, possivelmente através da mediação de fontes gnósticas. A *doxa* lembra a *xvarnah* dos persas, que vem ao encontro dos que acabam de morrer, também chamada de "luz de glória", "vitória" ou "fogo misterioso". No culto mitraico, essa luz-glória também representava o cumprimento do destino individual. Ela ilumina o morto, com a *daena* – a anima sobrenatural.[14] Essa *imago gloriae* "reveste" a alma do moribundo como uma "iluminação provocada por um fogo espiritual que inflama a alma com ardor", ao mesmo tempo é a luz do conhecimento que cura. Essa mesma imagem aparece nos Atos Gnósticos de Tomás.

Após a reunião, prossegue o texto de Komarios, a casa foi selada e "a estátua erigida, cheia de luz e divindade". Isso provavelmente se refere ao fim da cerimônia egípcia de sepultamento, quando a câmara sepulcral é selada e erigido o pilar denominado *djed*, assim como a estátua do falecido, no *serdab*. A estátua (*andrias*) é também chamada *eikon*, "imagem". Consiste ela nos quatro elementos que foram unificados e é também um remédio (elixir) que permeia tudo e ao mesmo tempo é sólido.

O homúnculo-sacerdote, que na visão de Zózimos dilacera a si mesmo, no fim transforma-se num "homem de ouro". O texto prossegue:

> Em suma, amigo meu, erige um templo a partir de uma pedra única, semelhante ao chumbo branco, ao alabastro de Proconeso,[15] sem começo nem fim em sua construção. Que tenha dentro uma fonte de água mais pura, brilhante como o sol. [...] Um dragão na entrada guarda o templo. Subjuga-o; antes de mais nada, imola-o; arranca-lhe a pele, toma-lhe a carne e os ossos e separa os membros; em seguida, deposita (a carne dos membros) juntamente com os ossos na entrada do templo, faz disso um degrau, sobe nele e adentra, e encontrarás o que procuras. O sacerdote, aquele homem de bronze, que verás sentado ao pé da fonte compondo a substância, não o tomes pelo homem de bronze, pois ele mudou a cor de sua natureza e tornou-se o homem de prata; e se quiseres, logo o verás como homem de ouro.[16]

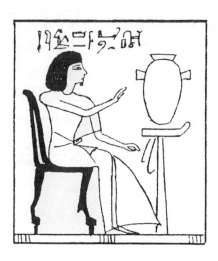

**Fig. 13** – A pedra, antiga imagem de deus entre os egípcios, representada como um "Coração de Pedra" e associada à pedra Benben de Heliópolis e à fênix: "eu sou a fênix (*Benu*), a Ba de Ré".

O mesmo texto diz do homúnculo-sacerdote que "torna os velhos clarividentes e ressuscita os mortos".[17] O desmembramento (ou, nas variantes, o cozimento) da substância inicial é também explicitamente descrito como *taricheia* (mumificação).[18] O sacrifício do dragão, em algumas variantes, é também um sacrifício do próprio sacerdote. Na visão alquímica, ele representa o microcosmo ou *monas*; a matéria inicial, que também contém o objetivo da obra. Seu desmembramento significa uma nova ordenação consciente de sua natureza caótica inicial.[19]

O que nos importa aqui é o templo monolítico, construído a partir de uma única pedra, no qual jorra a fonte da vida; "isso indica que a produção da totalidade redonda, a pedra, é uma garantia de vitalidade. Analogamente, a luz que brilha no interior pode ser compreendida como a iluminação que a totalidade propicia, uma expansão da consciência".[20] O homem de ouro sentado no trono representa o homem interior que aos poucos tornou-se o valor supremo.[21]

A pedra já era um importante símbolo da divindade na religião do antigo Egito. No santuário do templo de Heliópolis (on), uma misteriosa pedra divina chamada Benben era reverenciada. Seu nome liga-se a *w-b-n*, que significa "elevar-se, iluminar-se", especialmente em conexão com o sol e as estrelas. Dessa mesma raiz verbal provém o designativo do pássaro *b-n-w*. Os nomes dados à fênix, a esse pássaro e à pedra Benben eram todos encarados como manifestações de Atum, o deus supremo;[22] a pedra, além disso, representava a colina que emergiu das águas primordiais, ou seja, significava o princípio do mundo. A fênix tornou-se mais tarde um símbolo da *ba*. *Benbenet* veio a ser o nome dado ao ápice de uma pirâmide; os mortos, em épocas subsequentes, recebiam uma pequena pedra *benbenet* como oferenda fúnebre. O rei morto observava o pôr do sol do topo de uma pirâmide, o que sugere uma conexão entre *benbenet* e ressurreição ou o despertar dos mortos para uma nova consciência. Jacobsohn notou com acerto uma analogia entre a pedra Benben no Egito e a "pedra" alquímica, simbolizando ambas a totalidade psíquica e um *complexio oppositorum*.

O que a pedra poderia significar, em termos de condição pós-morte, pode também ser percebido numa visão que Jung relata em suas memórias. Numa experiência de proximidade da morte, ele parecia estar flutuando sobre a terra a uma altitude de "aproximadamente mil milhas!". Olhando ao seu redor, ele viu "um tremendo bloco negro de pedra, assim como um meteorito [...] flutuando no espaço". Sentado próximo a uma entrada que havia na pedra, estava um hindu de pele escura que parecia ajudá-lo. "Pequenos nichos" contendo "mechas acesas circundavam a porta."[23] Jung sentiu que "estava prestes a penetrar numa sala iluminada, onde encontraria o grupo de pessoas ao qual na realidade pertencia". Então ele compreenderia em que "nexo histórico" sua vida se inseria. "Eu saberia o que existia antes de mim; a razão pela qual vim ao mundo, e para onde corria a minha vida."[24] Nesse momento, ele foi chamado de volta à Terra, através da imagem de seu médico.

Essa mesma pedra, embora sob forma ligeiramente diferente, apareceu uma segunda vez alguns dias antes da morte de Jung, no último sonho por ele relatado:

> Ele via uma grande pedra redonda num lugar alto, uma praça árida, na qual estavam inscritas as seguintes palavras: "E isto será para ti um sinal da Totalidade e da Unidade". Então ele via, à direita, vários receptáculos numa praça aberta e um quadrângulo de árvores, cujas raízes circundavam a terra e a envolviam. No meio dessas raízes brilhavam fios de ouro.[25]

A imagem do templo feito de uma só pedra aparece tanto na visão de Jung como na de Zózimos; e, nesse sonho final, assim como no texto de Komarios, a ênfase recai sobre o processo de tornar-se inteiro.

Jung costumava dizer que sua vida individual em termos de ego era como um rizoma que brota da terra (o sistema subterrâneo de raízes de uma planta, observável especialmente nos cogumelos); ele vivia transitoriamente na superfície, mas algum tipo de vida continuava nas profundezas:

> A vida sempre me pareceu uma planta que se nutre de seu rizoma. Sua verdadeira vida é invisível, oculta no rizoma. A parte que aparece na superfície não dura mais que um verão e logo murcha – uma efêmera aparição. Quando pensamos no incessante crescimento e decadência da vida e das civilizações, não podemos evitar a impressão de absoluta nulidade. No entanto, nunca deixei de ter a sensação de que algo vive e permanece abaixo do fluxo eterno.[26]

Em seu último sonho Jung volta ao rizoma – *sem qualquer dissolução de sua forma individual*, abrigado no ventre da terra. As raízes representam um processo espiritual de desenvolvimento que dura muito mais do que uma vida humana, "comparado com o qual o indivíduo é apenas a floração passageira e o fruto do rizoma".[27]

Os recipientes que no sonho aparecem ao lado de Jung fazem lembrar os jarros canópicos das antigas tumbas egípcias, nos quais eram preservadas as entranhas do cadáver, separadas da múmia, e que tinham como tampa a cabeça dos quatro filhos de Osíris. Segundo o texto relativo ao embalsamamento, os quatro jarros representam os membros dos deuses. Sua "gordura" ou "unguento" (essência psíquica) penetrava nas entranhas e as "protegia", isto é, tornava-as imperecíveis.[28]

O tema da pedra também aparece na experiência de morte de um homem que perdeu a vida na guerra, conforme relata Hampe. Num estado de inconsciência, do qual só saiu por um breve instante, ele viu sua mãe e seu pai e com eles deu um passeio pelas montanhas cobertas de flores:

> Deparei-me com uma grande pedra e tirei-a do lugar. Ela não tinha peso. Na parte de trás havia maravilhosos cristais de rocha. Estavam dispostos de tal forma que pareciam uma catedral. Fiquei muito feliz.[29]

A partir dessa amplificação, a pedra vermelha não pretejada pelo fogo num sonho citado anteriormente adquire um significado mais amplo. Ela é o símbolo daquela dimensão da existência do sonhador que sobreviverá à morte iminente. No sonho de Jung, a pedra aparece como um templo, imagem esta muito mais diferenciada que as outras duas, provavelmente porque Jung, muito mais do que a maioria das pessoas, preocupava-se com o Self, com seu relacionamento com a totalidade interior.

O tema da morada eterna no Além aparece em vários rituais fúnebres. Os romanos chamavam o túmulo de *domus aeterna*, retomando certas prefigurações egípcias e orientais. As sepulturas costumavam ser confortavelmente mobiliadas e aparelhadas com utensílios domésticos,[30] pois nelas o morto e seus parentes viveriam juntos para sempre. Os etruscos marcavam o túmulo das mulheres com uma pequena casa, e o dos homens com um falo.

As stupas das culturas budistas parecem ter tido na origem um significado análogo. Como demonstrou R. Mus, elas remontam a tradições funerárias da antiguidade pré-budista, segundo as quais o sepulcro representava "o mundo dos mortos em miniatura" e, ao mesmo tempo, o universo sob a forma de *purusha* (homem primordial, homem cósmico). Mus observa que

> a sepultura, mais do que moradia para os mortos, é um substituto para o antigo corpo mortal e transitório do extinto. [...] Trata-se portanto de um corpo construído que representa a morada do morto, da mesma forma que seu corpo físico o representava em vida. Embora declarem os ensinamentos que Buda já não está mais ali – pois passou para o nirvana – a crença popular imaginou um corpo eterno de Buda nas stupas. Um texto japonês chega mesmo a dizer: "O corpo de Buda, visto do exterior, é uma stupa". Ou pelo menos a stupa é aquela parte de Buda que, depois do paranirvana, permanece neste mundo. A arte de Gândara, que sofreu influências da arte ocidental antiga, também produziu

imagens ilusórias da morte de Buda, mas logo voltou ao tema da não realidade de sua morte. Alguns ensinamentos posteriores afirmavam que, após a morte, Buda ainda possuía três corpos: o *dharma-kaya*, seu verdadeiro ser absoluto; o "corpo de beatificação", por meio do qual ele ainda pode de algum modo "ser" no nirvana; e em terceiro lugar, um corpo-sombra (*nirmana kaya*), por intermédio do qual Buda deliberadamente ajuda os outros a atingirem o nirvana. Aquele que contemplar esse corpo-sombra de Buda na verdade tem apenas uma experiência subjetiva.[31]

O que importa considerar aqui é que o templo, ou stupa, era também encarado como um corpo substituto, um corpo de pedra de Buda morto; e como se sabe, a stupa é uma mandala tridimensional.

Portanto, a pedra pode também ser uma morada ou templo--sepulcro. A esse respeito, Jung teve um sonho bastante impressionante dois meses antes de morrer:

> Partindo de um lugar desconhecido, ele chegava à "sua" torre em Bollingen, que era toda de ouro. Ele segurava uma chave na mão e "uma voz lhe dizia que agora a 'torre' estava completa e pronta para ser habitada".[32] O que mais o impressionava era a total solidão (não havia seres humanos por perto) e o absoluto silêncio do lugar. Então ele viu, mais abaixo, "uma loba ensinando a cria a mergulhar

e a nadar num curso d'água",[33] coisa que esta ainda não sabia fazer por si.

Depois de terminar a construção de sua torre em Bollingen, Jung costumava sonhar com uma réplica exata dessa torre na "outra margem do lago". Sua interpretação era a de que na verdade sua torre era apenas uma cópia terrena de sua verdadeira forma no Além, isto é, o Self. Seu derradeiro sonho com esse tema lhe diz que agora a morada extraterrena do Self está completa e pronta para recebê-lo. O tema do animal no fim é bastante estranho. Sugere a ideia de que, assim como a Mãe Natureza adapta e acostuma seus filhos à vida por meio dos instintos, da mesma forma um instinto nos ajudará na adaptação a condições alteradas no Além.[34] Para Jung, a torre, em sua forma terrena, já era um receptáculo para o homem interior ou o Self. A esse respeito, ele escreve em suas memórias:

> Desde o início, eu sentia que de algum modo a Torre era um lugar de maturação – um útero ou figura materna, em cujo interior eu podia me tornar o que eu era, o que sou e o que serei. [...]
>
> Em Bollingen estou imerso em minha verdadeira vida, sou profundamente eu mesmo. [...]
>
> Às vezes me sinto como que disperso na paisagem e no interior das coisas, sinto-me vivendo em cada árvore, no murmulhar das ondas, nas nuvens e nos animais que vão e vêm.[35]

A torre de ouro no Além, sonhada por Jung, é uma imagem primordial e eterna que o inconsciente lhe ofereceu, cuja réplica ele construiu na terra.

A pedra branca do texto de Zózimos, que abriga o "homem de ouro" e a fonte da vida, é um paralelo ao sonho de Jung. E as stupas orientais parecem ter um significado análogo, enquanto morada daquela forma de Buda que permaneceu na terra.

O texto de Komarios também enfatiza a luz resplandecente da natureza unificada da "imagem", ou seja, sua capacidade de proporcionar uma iluminação. Essa unificação, essa ressurreição dos mortos, ou *andrias*, corresponde na visão de Zózimos ao homem de bronze que se torna prata e depois ouro. Em outras palavras, ele representa uma espécie de estátua viva de metal.

A série onírica publicada por Edinger inclui o seguinte sonho:

> Eu contemplava um lindo jardim, que tinha algo de muito especial. Tratava-se de um grande quadrado, com piso de pedra. A intervalos de mais ou menos dois pés, achavam-se peças de bronze, eretas, parecidas com aquela escultura de Brancusi, "Pássaro no Espaço". Fiquei por ali um bom tempo. Aquilo tudo tinha um sentido muito positivo, que eu não conseguia captar.[36]

Edinger amplifica a imagem dessa peça ereta de metal ("Pássaro no Espaço" de Brancusi), "grossa no meio e mais afilada na ponta", como sendo um "impulso fálico e vertical para cima, em direção à esfera espiritual superior". Como paralelo, cita a coluna *djed* egípcia, cuja ereção, ao término da cerimônia fúnebre, significava ressurreição. Essa coluna também corresponde ao falo das sepulturas de homens etruscos. Num certo sentido, ela poderia igualmente ser comparada à chama da vida dançante do sonho de J. B. Priestley, citado anteriormente – uma imagem do impulso vital criativo que não morre. No sonho acima, essa figura é feita de bronze. O metal, como assinala Jung,[37] possui uma estranha frieza, que caracteriza essa figura simbólica. Sua remota origem no reino da matéria inorgânica sugere aquela estranheza que também caracteriza a pedra alquímica.

Muitos alquimistas correlacionavam sua pedra a Cristo, mas, como Jung demonstrou,[38] para eles a pedra tinha uma relação mais íntima com o corpo humano. A pedra era algo divino que se presumia estar oculto na matéria cósmica. Na medida em que Cristo se "fez carne", há de fato uma analogia com o *lapis*; mas este é encarnado em todos os homens e pode ser produzido por *qualquer um*. Isso significa que a pedra pode ser conscientizada internamente. Por isso a pedra da alquimia não significa Cristo, sendo na verdade um símbolo que *compensa* certos aspectos da figura de Cristo. Jung diz o seguinte:

> o que pretendia a natureza inconsciente ao produzir a imagem do *lapis* transparece na noção de que ele se origina na matéria [...] e que sua fabricação está ao menos potencialmente ao alcance do homem. Essas qualidades revelam o

que na época se considerava como defeito da imagem de Cristo: uma aura demasiado rarefeita perante as necessidades humanas, um distanciamento excessivo, um vazio no coração humano. O homem sentia a ausência do Cristo "interior" que a todos pertencia. A espiritualidade de Cristo era elevada demais; e baixa demais a naturalidade do homem. Na imagem de Mercurius e do *lapis* a "carne" podia glorificar-se a seu modo; ela não se transformaria em espírito, mas "fixaria" o espírito na pedra. [...] Portanto o *lapis* pode ser compreendido como um símbolo do Cristo interior, um símbolo de Deus no homem.[39]

A pedra era considerada a culminação da obra redentora de Cristo. Ela não provém, assim como a figura oficial de Cristo, das esferas espirituais-metafísicas, mas "daquelas áreas limítrofes da psique que se abrem para o mistério da matéria cósmica".[40]

A Assunção da Virgem Maria é um dogma ainda *in flux*, na medida em que Maria subiu aos céus *com seu corpo*. Trata-se apenas de um princípio de resposta a uma questão ainda não resolvida pela doutrina cristã. Essa questão, porém, perturba o homem contemporâneo. Já é mais do que tempo de nos interessarmos pelo simbolismo da alquimia, que certamente não fornecia respostas cabais, mas onde se pode encontrar uma resposta simbólica.

Perdi meu pai relativamente cedo. Um mês e meio depois de sua morte repentina, tive o seguinte sonho:

Meu pai aparecia diante de mim, vivo e saudável, mas eu sabia no sonho que ele estava morto. Bastante animado, ele me dizia: "A ressurreição da carne é uma realidade. Venha comigo, posso te mostrar". Ele caminhava em direção ao cemitério onde estava enterrado. Eu tinha medo de segui-lo, mas fui atrás. No cemitério ele andava por entre os túmulos, observando cada um deles. De repente, ele apontou para um em particular e exclamou: "Aqui, por exemplo, venha ver". Eu percebi que naquele lugar a terra começava a mover-se e olhei naquela direção, com muito medo de que aparecesse um cadáver em decomposição. Vi então que um crucifixo estava saindo da terra. Tinha cerca de um metro de altura, era de uma cor verde-dourada e brilhava muito. Meu pai dizia: "Olhe aqui! *Esta* é a ressurreição da carne".

Ao refletir sobre esse sonho, naturalmente ocorreu-me a expressão "ressuscitado em Cristo" – mas o que realmente significa essa imagem? O mistério é insondável. A imagem essencial parece-me ser o crucifixo feito de *metal animado*, como a estátua da alquimia. O tema do ouro *verde* é uma alusão à alquimia. Em *Memórias, Sonhos, Reflexões* Jung relata uma visão sua em que aparecia uma imagem de Cristo feita de ouro verde. Seu comentário:

O ouro verde é a qualidade viva que os alquimistas viam não apenas no homem, mas também na matéria inorgânica.

> É uma expressão do espírito vital, da *anima mundi* ou do
> *filius macrocosmi*. [...] A ênfase dada ao metal, porém, reve-
> lava a indisfarçada concepção alquímica de Cristo como
> uma união entre a matéria espiritualmente viva e a fisica-
> mente morta.[41]

Meu sonho enfatiza essa mesma dupla natureza do corpo ressuscitado enquanto união de opostos. A cruz, por outro lado,
significa o *sofrimento* resultante de opostos inconciliados. Além
disso, meu sonho sugere que o corpo ressuscitado é ao mesmo
tempo o homem interior eterno e não o ego efêmero, muito
embora esse ego – o de meu falecido pai no sonho – parecia estar
preservado enquanto observador do processo. Obviamente, a
totalidade do ser humano só pode ser alcançada por meio da
união do ego com o corpo ressuscitado.

Um pouco antes de morrer, uma mulher de 80 anos teve o
seguinte sonho:

> Ela via uma cruz; no centro desta, uma safira resplande-
> cente. Ela sabia, no sonho, que esse era um momento de
> existência divina.[42]

Nesse caso, também a cruz significa a união de todos os opostos. Na tradição medieval, a safira era considerada a "pedra fun-
damental" da Jerusalém Celestial, e era uma imagem de Cristo.

# Capítulo 10

# O CORPO SUTIL E SUAS VARIANTES

A ideia de que após a morte a alma (seja ela o que for) possui uma espécie de corpo sutil é bastante comum em várias regiões, como, por exemplo, na China ou nas áreas pelas quais se dissemina o Hinduísmo. O espiritismo praticado no Ocidente trabalha com a mesma hipótese e relata a ocorrência de numerosos fenômenos de materialização, nos quais aparecem vultos com corpos de névoa ou fumaça.[1] Temos aí a evidente manifestação de uma ideia arquetípica; mas, sem contar os relatos parapsicológicos, ainda não temos provas da existência desses fenômenos. Jung foi o primeiro a chamar a atenção para um fator que poderia levar a uma pista empiricamente verificável da possível existência desse corpo sutil: o estranho fato de que *temos muito pouca consciência ou informação direta*

*sobre o que se passa dentro do nosso corpo.*[2] Por exemplo, nada sabemos sobre a condição de nosso baço a não ser que um médico nos forneça alguma informação, que não passa de uma inferência a partir de sintomas indiretos. Essa "lacuna", diz Jung, parece apontar na direção de algo entre a mente e o corpo, talvez um corpo sutil que existiria entre o corpo psíquico e nossa percepção de nós mesmos. Poder-se-ia quem sabe levar adiante a sugestão de Jung com algumas reflexões. Provavelmente, a camada do corpo sutil é idêntica à psique vivenciada interiormente, isto é, percebida de maneira introspectiva. Todos nós podemos experimentar a maneira pela qual nossas emoções – ciúme, amor ou ódio, certos pensamentos muito intensos, imagens de fantasia etc. – são capazes de confrontar objetivamente o ego subjetivo a partir de dentro, isto é, separadas do ego, como se brotassem do corpo. Nesse caso, o corpo sutil até certo ponto corresponderia ao que Jung denomina "psique objetiva"; ou, por outro lado, a psique objetiva possuiria algumas vezes um aspecto de corpo sutil. Além disso, é sabido que durante estados de excitação intensa, como o de um soldado em luta, alguém pode não se dar conta de ferimentos corporais graves. A intensificação do fator psíquico, isto é, a excitação, torna o corpo "irreal", mesmo que as funções sensoriais estejam aumentadas devido à ação da adrenalina que acompanha o excitamento.

À luz das reflexões de Jung, conviria examinar mais de perto as teorias tradicionais sobre a existência de um corpo sutil. Na Antiguidade, os pitagóricos, os órficos e os platônicos diziam que a alma possui uma espécie de corpo sutil radiante, que serve de veículo (*ochema*) para suas manifestações. Segundo Hiérocles de Alexandria, os princípios vitais pitagóricos serviam para libertar a alma da matéria bruta e torná-la "brilhante" (*augoeides*), para que pudesse associar-se aos seres etéreos (os deuses).[3] No *Fedro* de Platão (250 C) consta que a alma, antes de baixar à sepultura, está "envolta" em "brilho".

A expressão "brilho" (*auge*), usada por Platão, levou à "alma luminosa" (*augoeides*) dos comentadores neoplatônicos. Foram precisamente eles que desenvolveram a ideia do corpo de luz ou de um corpo sutil superior e imortal. Num fragmento de Damácio, lemos o seguinte: "A alma possui um certo veículo (*ochema*) brilhante (*augoeides*), também chamado 'estelar' (*asteroides*) e eterno. Situa-se no corpo, na cabeça ou no ombro direito".[4] Ao comentar o *Parmênides* de Platão, Damácio descreve essa alma brilhante e observa que, ao encarnar-se, ela vai gradualmente escurecendo até tornar-se matéria, sem no entanto perder "sua identidade numérica" (unicidade?).[5] O corpo radiante e o corpo luminoso da alma não se misturam abruptamente ao corpo físico bruto, segundo sustentam vários autores; pelo contrário, subsiste entre corpo e alma uma espécie de "espírito corpóreo".[6] Através deste, a alma move o corpo, faz o sangue circular e os órgãos dos sentidos funcionarem. Esse "espírito corpóreo" é uma espécie de quintessência dos quatro elementos. Se orientado para cima, produz ideias e conteúdos psíquicos racionais e objetivos; se para baixo, produz ilusões (*phantasias*). Nesse caso, a alma, por assim dizer, fica "molhada" ou "aquosa", ao passo que em sua forma nobre ela é seca e ígnea (Heráclito!). Aí temos aqueles mesmos estados cambiantes do ego que observamos no material moderno citado.

Plutarco (século II d.C.) diz que as almas dos mortos são envoltas por uma película ou bolha flamejante e que algumas são como o luar, irradiando uma coloração contínua suave; outras são descoloridas, malhadas como cobras, e outras como que arranhadas.[7] Essas áreas descoloridas corresponderiam a contravenções morais cometidas em vida. O neoplatônico Johannes Philoponus (século VII) leva adiante a diferenciação do conceito de alma, introduzindo a ideia de uma "parte pura da alma" que se junta aos deuses, ao lado de outra, *eidolon*, que seria uma sombra impura ou uma fumaça incorpórea que vai para o Hades.[8] A alma racional, isto é, razoável, é feita de luz e se move como uma esfera; mas quando se entrega à loucura e às paixões, fica obscura e nebulosa, movendo-se em linha reta. Porfírio já havia apresentado uma concepção similar em seu comentário platônico.[9] No reino das sombras, há também demônios que podem influenciar a alma, o que não ocorre em seu estado puro e lúcido. Os fantasmas (*phantasmata*) influenciam a alma, moldando-a segundo sua forma e cor. Além disso tudo, Philoponus propunha uma subdivisão em quatro categorias.[10] Para ele, o homem possui (1) uma alma racional que pode separar-se do corpo e é imortal, (2) uma alma irracional, passional, que pode separar-se do corpo mas não da alma racional, (3) um espírito corpóreo que sobrevive ao corpo material, mas que algum tempo depois se dissipa;

e (4) uma alma apenas vegetativa, que desaparece com o corpo material. O espírito corpóreo vai para o Hades, onde, como nos conta a *Odisseia*, ele pode aparecer se os sobreviventes fizerem um sacrifício de sangue. Por meio de rigorosa dieta e vaporização, ele pode purificar-se e tornar-se mais volátil durante sua existência; e a *imaginação* da alma espiritual pode ajudá-lo a manifestar-se.[11]

Os antigos alquimistas e os herméticos também conheciam semelhantes ideias da época. Dentre os primeiros, alguns chegaram mesmo a tentar produzir em sua obra a transformação e a regeneração do espírito interior do corpo sutil. O registro mais detalhado desse assunto encontra-se nas "Visões de Zózimos".[12] O autor, que viveu no Egito (Panópolis), provavelmente pertencia à seita gnóstica de Poimandres.

Ideias neoplatônicas análogas sobreviveram no mundo islâmico até o século XVIII, naquele movimento xiita usualmente denominado sheikismo. Um de seus mais renomados representantes era o Sheikh Ahmad Ahsa'i (morto em 1826), cujos ensinamentos Henri Corbin descreveu em detalhes.[13] O Sheikh Ahmad, que em sua obra trata essencialmente do corpo ressuscitado, também propõe uma divisão da alma em quatro partes, um tanto diversa daquela elaborada por Philoponus. Ele distingue dois *jasads*, "organismos vivos", e dois *jism*(s), "massas corpóreas" ou "volumes corporais". Assim, teríamos: (1) *jasad* A, o corpo material efêmero; (2) *jasad* B, composto de elementos sutis da terra mística Hurqalya, que Corbin equipara ao *archetypus mundus*.[14] A *caro spiritualis*, ou corpo ressuscitado, compõe-se desses dois elementos sutis; (3) *jism* A, algo pertencente ao reino intermediário e que se origina na região do céu, sendo assim uma espécie de corpo astral ou corpo aéreo provisório, efêmero na medida em que é absorvido pelo *jasad* B, ou *caro spiritualis*, no momento da ressurreição; e (4) *jism* B, o corpo sutil essencial, arquetípico, eterno, imperecível, a individualidade permanente, o *corpus supracoeleste* no ser humano, seu alter ego transcendental[15] e o corpo luminoso.

Associações complementares e mais profundas relativas a essa concepção de corpo e alma podem ser encontradas na obra de Henri Corbin. No presente contexto, o que mais importa é notar que para outros sistemas de ideias, como o neoplatônico e o hermético, a alquimia e o misticismo islâmico, o corpo e a alma não se separam abruptamente, sendo concebidos como uma multiplicidade de regiões apenas parcialmente divisíveis. A pluralidade de almas imaginada por vários povos primitivos, à qual já fizemos referência, também se aplica aqui. Nesse encadeamento de ideias, a tradição alquímica distingue-se da religiosa-filosófica na medida em que enfatiza mais o aspecto de continuidade da alma. A obra dos alquimistas tem por objetivo *unificar* os vários aspectos da alma, incorporando as "camadas" mais próximas ao corpo.

Dentre os quatro componentes psicossomáticos do homem, segundo a formulação do Sheikh Ahmad, deveríamos examinar melhor o que ele denomina *jism* A (volume corporal), que é transitório e reabsorvido pelo *jism* B (o homem eterno) no momento da ressurreição. Trata-se de uma espécie de corpo astral, na medida em que resulta de influências celestiais. Essa ideia de um corpo aéreo também tem seus precedentes na concepção neoplatônica e gnóstica. Plotino sustentava que em seu estado puro a alma possui um corpo etéreo; ao passar do estado de logos para o de imaginação (*phantasia*), a alma recebe um corpo de natureza solar. Na sequência desse processo descensional, a alma vai se tornando cada vez mais feminina e mais presa às formas, sendo então de natureza lunar, até mergulhar no mundo do corpo, quando fica amorfa, úmida e vaporosa, dominada por uma total inconsciência da realidade, pela escuridão e pela infantilidade. Mas, ao separar-se dessa região inferior, a alma novamente aparece como um puro raio de luz (*auge*).[16]

Em seu comentário ao *Timeu* de Platão, Proclus apresenta uma formulação diversa do mesmo assunto.[17] O homem é um microcosmos e, como o universo (*to pan*), possui mente (*nous*), razão (*logos*) e um corpo tanto mortal quanto divino. Sua natureza mental corresponde às estrelas fixas; a mente, a Saturno, e a dimensão social, a Júpiter. O lado irracional compõe-se de paixões (Marte), eloquência (Mercúrio), desejo (Vênus), percepção (Sol) e o aspecto vegetativo (Lua).

O veículo brilhante (*augoeides ochema*) da alma corresponde ao céu e seu revestimento mortal ao mundo sublunar. Como observa Mead, nesse aspecto Porfírio baseou-se no antigo esquema babilônico e Procleus no mais recente.[18] Para Philoponus, o veículo brilhante da alma contém a quintessência (os quatro elementos brutos), cuja forma é esférica. E para Aristóteles esse corpo quintessencial corresponde ao *jism* B, ou seja, ao corpo ressurrecto de Sheikh Ahmad, proveniente do *mundus archetypus*, ao passo que o corpo astral se assemelha mais ao efêmero *jism* A.

No Ocidente renascentista, a tradição alquímica do corpo astral foi desenvolvida especialmente por Paracelso. Em seu *Liber de lunaticis*, ele afirma que "há no homem dois corpos, um composto de elementos e o outro, de estrelas. [...] Na morte, o corpo elemental vai para o túmulo com seu espírito, mas os corpos etéreos são consumidos no firmamento".[19] Paracelso refere-se aqui ao corpo astral ou sideral, que após a morte vagueia como imagem especular ou espectro, mas que acaba sendo reabsorvido pelos outros. Somente "o espírito da imagem de Deus vai para aquele a quem reflete"[20] – isto é, o germe anímico imortal, ou, em termos psicológicos, o Self.

O corpo astral, portanto, às vezes é encarado por esses autores como transitório, outras vezes como imperecível. Obviamente, ele se associa ao que hoje denominamos inconsciente coletivo. Como se sabe, desde a Antiguidade os corpos celestiais eram vistos como deuses, ou como anjos, no mundo islâmico. Assim sendo, do ponto de vista do homem moderno, eles são *símbolos arquetípicos*, representando em seu conjunto o inconsciente coletivo. Surge então, a esse respeito, uma grande dúvida: o que será que ocorre com o inconsciente coletivo na hora da morte? Será que essa camada anímica sobrevive com o indivíduo, ou será que este se separa dela, já que nunca fez parte de sua personalidade nem de sua consciência? Ou será que uma parcela (segundo Proclus, aquele ponto situado acima da lua) é preservada com o "corpo luminoso", e outra (a sublunar) deixada para trás? Ou, ainda, será que o aspecto cósmico do inconsciente coletivo continua a existir, separado do morto, com ele permanecendo unicamente o aspecto que nele se encarnou? O Sheikh Ahmad parece sustentar esse último ponto de vista. Por essa razão – visando aprofundar psicologicamente a reflexão de Henri Corbin – eu gostaria de retomar mais uma vez a ideia de Ahmad.

O Sheikh Ahmad acredita (com base na cosmologia de Avicena) na existência de uma "terra" situada entre a esfera mais elevada do inteligível (a mente pura das ideias platônicas) e a terra material ordinária. Nessa "terra", vivem as almas e certos anjos. Sua dimensão não é a mesma do mundo dos sentidos, mas da "Imaginação ativa", ou seja, uma imaginação que percebe e dá forma ao que é psicologicamente objetivo e verdadeiro, ao contrário dos sonhos e ilusões alucinatórios e voltados para a satisfação de desejos. Como observa Corbin, ela corresponde à *imaginatio vera* dos alquimistas, em contraposição à *imaginatio phantastica*. Essa "imaginação verdadeira" é a origem da experiência religiosa, das visões, do carisma, das revelações, dos verdadeiros *insights*. Essa esfera, que é a da terra Hurqalya, o centro do mundo, faz a mediação entre espírito puro e matéria bruta. É ela uma *coincidentia oppositorum*, uma região onde corpo e alma se encontram indistinguivelmente no centro.

Na linguagem da psicologia profunda, essa "terra", como reconhece Corbin, é na verdade um *mundus archetypus*, mas, deve-se acrescentar, trata-se do *mundus archetypus que se uniu ao arquétipo do Self*. Jung, respeitando a tradição ocidental, chama a essa união de *unus mundus* e a descreve como sendo o plano de fundo de eventos sincrônicos no mundo material ordinário.[21] Numa carta endereçada ao pastor Fritz Pfäfflin, Jung refere-se a um mundo de formas sutis no Além. Pfäfflin havia escrito a Jung dizendo ter sentido claramente a presença de seu irmão – que morrera na África, num acidente – e com ele conversado. Jung lhe respondeu:

> No que diz respeito à interessantíssima conversa *post mortem* com seu irmão, ela se coaduna com as experiências desse tipo. De um lado, a preocupação muito especial dos mortos pelo estado psíquico de outras pessoas (falecidas); de outro, a existência de templos (psíquicos) ou centros de cura. Eu há muito venho pensando que as instituições religiosas, as igrejas, os mosteiros, os templos etc., assim como os ritos e as tentativas psicoterapêuticas de cura têm por modelo estados psíquicos pós-morte (transcendentais) – uma verdadeira *Ecclesia spiritualis* como protótipo da *Una Sancta* que existe na terra. No Oriente, essas ideias não seriam de modo algum estranhas. A filosofia budista, por exemplo, criou o conceito de *Sambhoga-Kaya* para essa existência psíquica, quer dizer, *o mundo de formas sutis* que

está para o *Nirmana-Kaya* assim como o corpo etéreo (corpo sutil) está para o corpo material. O mundo etéreo é concebido como um estado intermediário entre *Nirmana-Kaya* e *Dharma-Kaya*. Em *Dharma-Kaya*, que simboliza o estado mais elevado, a separação das formas dissolve-se em unidade absoluta e ausência total de forma.[22]

Nessa mesma carta, Jung sugere ainda que, nas camadas mais profundas do inconsciente, que parecem estar fora do espaço e do tempo, prevalece "uma relativa eternidade e uma relativa não separação de outras psiques, ou uma unidade com elas".[23]

Essa esfera é idêntica à terra Hurqalya do misticismo islâmico. O contato com essa dimensão do *unus mundus* é vital para o ser humano. É a seu serviço que transcorre o processo que atualmente denominamos de individuação.

Podemos agora compreender melhor o que diz Jung em suas memórias:

> A questão decisiva para o homem é: está ele ou não ligado a algo infinito? Essa é a verdadeira questão de sua vida. Só quando sabemos que o que realmente importa é o infinito é que podemos evitar que nosso interesse se prenda a futilidades e a toda sorte de objetivos sem real importância. Caso contrário, ficamos esperando que o mundo nos dê provas de reconhecimento por qualidades que encaramos como propriedades pessoais. [...] Quanto mais o homem

der importância a falsos valores, e menos sensibilidade tiver pelo que é essencial, mais sua vida será insatisfatória. [...] Se pudermos compreender e sentir que aqui mesmo nesta vida já temos uma ligação com o infinito, nossos desejos e atitudes se transformam. Em última análise, se algo valemos é devido ao essencial que existe em nós, sem o qual a vida é desperdiçada. [...]

Mas só podemos alcançar o sentimento do infinito se comprometidos ao extremo. A limitação máxima para o homem é o "self", que se manifesta na experiência "eu sou apenas isto". Só a consciência do nosso estreito confinamento no self é que nos vincula ao ilimitado do inconsciente.[24]

Nesse aspecto, o infinito – o inconsciente – só tem sentido se vinculado à consciência; caso contrário, é como se estivesse "perdido em si mesmo". Presumivelmente, a pessoa só pode levar consigo para o Além, como um "fruto", aquela parte que conseguiu conscientizar. Esse fruto parece exercer uma influência positiva e duradoura sobre o "tesouro", a "biblioteca" ou o "celeiro" do Além.

Esse mesmo tema aparece na aplicação das ideias astrológicas. As constelações astrológicas representam o inconsciente coletivo: são imagens dos arquétipos projetadas no céu. O horóscopo natal revela uma combinação individual e específica de elementos arquetípicos – isto é, coletivos – semelhante ao caráter coletivo de fatores biológicos hereditários; mas, no indivíduo, esses traços aparecem numa combinação individual. A combinação dos astros no horóscopo indica, em boa medida, as características do indivíduo e seu destino psíquico. Analogamente, a experiência nos ensina que não podemos tornar consciente ou integrar um arquétipo *per se* em sua totalidade.[25] Só é possível conscientizar aquilo que se nos oferece externamente como fato do destino, ou internamente no decorrer da vida; e, como já foi dito, parece que só *aquilo* fica conosco depois da morte. Mas o ato de tornar algo consciente depende enfim da conexão do ego com o infinito ou com algo divino. Sucumbir a um arquétipo, ou ser possuído, é um fato que pode ocorrer para qualquer um. Psiquicamente, *nada* é alcançado por essa via. O demônio simplesmente vem e vai-se embora de novo. Somente a conscientização do Self – o qual, enquanto *spiritus rector* de todas as ocorrências biológicas e psíquicas, representa a manifestação final de todos os arquétipos – parece representar uma aquisição que não se perde mais, mesmo na morte.

Numa carta endereçada a uma mulher que perdera um filho ainda novo, Jung disse o seguinte:

> O que acontece após a morte é tão indiscutivelmente glorioso que nossa imaginação e nossos sentimentos não bastam para formar uma concepção nem mesmo aproximada dessa experiência. Pouco antes de morrer, minha irmã tinha no rosto uma expressão tão inumanamente sublime que tive muito medo.

Uma criança também entra nesse estado sublime, separando-se deste mundo e de seus múltiplos caminhos de individuação ainda mais rapidamente que os idosos. Tão rapidamente torna-se ela aquilo que *você* também é, que aparentemente ela desaparece. Mais cedo ou mais tarde todos os mortos se tornam aquilo que também somos. Mas nada sabemos sobre o modo de ser nessa realidade – e a respeito da terra, após a morte, o que ainda sabemos? A dissolução da nossa forma temporal na eternidade não acarreta perda alguma de sentido. Pelo contrário, o dedo então fica sabendo que faz parte da mão.[26]

Na frase "mais cedo ou mais tarde, todos os mortos se tornam aquilo que também somos", Jung alude ao mistério do Self, no qual todas as almas, de mortos e vivos, fundem-se numa unidade múltipla. Os sábios da Índia sempre disseram que o Atman pessoal (Self) faz parte do Atman cósmico.

# Capítulo 11

# A NOVA HIPÓTESE DE JUNG

Se levarmos a sério a hipótese da existência de um corpo sutil, chegaremos à ideia de que a transformação do corpo físico (e suas manifestações energéticas) gradualmente prossegue na psique. Isso significa que o que hoje denominamos energia física e energia psíquica poderia ser, em última análise, dois aspectos da mesma energia. Jung formulou essa hipótese numa carta a Raymond Smithies, na qual sugere a existência de um corpo sutil. Feita essa afirmação, prossegue Jung:

> Talvez a psique devesse ser encarada como *intensidade inextensa* e não como um corpo movendo-se no tempo. Poder-se-ia admitir que a psique gradualmente passa de extensão mínima a intensidade

infinita, transcendendo por exemplo a velocidade da luz e, portanto, tornando o corpo irreal. [...]

A partir dessa concepção, o cérebro seria uma estação transformadora, na qual a relativa tensão infinita de intensidade da psique propriamente dita é transformada em frequências perceptivas ou "extensões".[1] Reciprocamente, a diminuição da percepção introspectiva do corpo decorreria de uma gradual "psiquificação", isto é, intensificação em detrimento de extensão. Psique = intensidade máxima no mínimo de espaço.[2]

Teríamos aqui, portanto, uma forma de energia que *gradualmente* muda, de fisicamente mensurável a psiquicamente incomensurável. O corpo sutil, nesse sentido, seria então uma forma da psique que permaneceria próxima ao corpo possuindo massa mínima e certa extensão no espaço-tempo, uma forma aparente que, no entanto, não poderia ser encarada como física no sentido corrente do termo.

De qualquer forma, é preciso ter em mente, a esse respeito, que a física moderna em boa medida esclareceu nossa ideia de realidade material. Fritjof Capra, por exemplo, diz o seguinte:

Na física moderna, a massa não está mais associada a uma substância material e, portanto, não se concebe que as partículas sejam constituídas de alguma "matéria" básica, mas de feixes de energia. [...] As partículas não devem ser pensadas como objetos tridimensionais estáticos, como bolas de bilhar ou grãos de areia, mas como entidades quadridimensionais no espaço-tempo. Suas formas devem ser compreendidas dinamicamente, como formas no espaço e no tempo. As partículas subatômicas são padrões dinâmicos com um aspecto espacial e um aspecto temporal. O aspecto espacial faz com que apareçam como objetos com certa massa, e o temporal, como processos dotados de energia equivalente.[3]

Se encararmos a "matéria" desse modo, a ideia de um corpo que se transforma em intensidade não seria impensável: uma concentração de energia sem extensão no espaço e no tempo. Numa carta em que comenta o livro *The Unobstructed Universe*, de Stewart Edward White, Jung observa:

A melhor ideia em *The Unobstructed Universe* é talvez a de frequência. Essa mesma ideia se configurou para mim quando eu tentava explicar a realidade relativa dos fenômenos metafísicos. O paralelo que White estabelece com a natureza do pensamento parece-me acertar o alvo. O pensamento não tem qualidade alguma em comum com o mundo físico exceto sua intensidade, que em termos matemáticos pode ser considerada uma frequência. Pode-se observar um nítido aumento dessa intensidade ou frequência nos casos em que um arquétipo se manifesta, ou

> então quando, devido a um absoluto *abaissement du niveau mental*, o inconsciente vem ativamente à tona sob a forma de visões do futuro, êxtase, aparições dos mortos etc.[4]

A hipótese de Jung sobre uma unidade entre energias físicas e psíquicas me parece ser de tamanha importância que valeria a pena retomar o simbolismo dos sonhos que já comentamos, a fim de descobrir se há pistas que confirmem ou contradigam essa ideia.

Em primeiro lugar, temos o sonho relatado por Priestley, no qual uma chama vital se desloca através de uma série de pássaros vivos e mortos. Um detalhe importante é a *passagem cada vez mais rápida do tempo*, que corresponde exatamente àquele aumento de intensidade de que fala Jung. A chama branca seria então a imagem de uma vida psíquica de enorme tensão que, por assim dizer, continua através das aparências materiais ordinárias. O processo vital como um todo culmina nessa chama branca, que aqui literalmente "torna irreal" a vida do corpo, como diz Jung. Como o tempo passa cada vez mais rápido, isto é, à medida que o fluxo de energia se intensifica, o observador percebe o tempo como se estivesse parado.

No sonho, isso é representado pela cena em que pássaros isolados não podem mais ser distinguidos em movimento. Tudo parece espalhar-se simultaneamente num espaço ilimitado. O "espaço mínimo" da intensidade psíquica seria portanto apenas um ponto, como o próprio universo — talvez uma espécie de *ponto onipresente*, imagem bastante comum de Deus na filosofia medieval.

A imagem da luz aparece com mais frequência do que qualquer outra no material que citamos. Jung defendia a suposição de que a realidade psíquica poderia localizar-se num nível supraluminoso de frequência, isto é, além da velocidade da luz. A "luz", neste caso, seria muito a propósito o último fenômeno transicional do processo de tornar-se inobservável, antes que a psique "torne irreal" o corpo por completo, como diz Jung, e sua primeira aparição após encarnar-se no continuum espaço-tempo, deslocando sua energia para uma engrenagem inferior. Além dos relatos coligidos por Moody, anteriormente citados, há outros em seu trabalho, bem como na literatura parapsicológica, que se referem a fenômenos luminosos associados à morte ou a aparições. Um sonho relatado por John Sanford ilustra plasticamente a hipótese levantada por Jung. Trata-se do sonho de um pastor protestante, alguns dias antes de sua morte:

> [...] ele vê um relógio sobre a lareira; os ponteiros estavam em movimento, mas agora param; no momento em que eles param, uma janela se abre atrás do relógio sobre a lareira, aparecendo então uma forte luz. A abertura vira uma porta e a luz, um caminho luminoso. Ele toma esse caminho de luz e desaparece.[5]

O alquimista Gerhard Dorn descreve essa janela como uma *fenestra aeternitatis* (janela para a eternidade) ou *spiraculum aeternitatis* (espiráculo da eternidade), uma janela ou respiradouro que se abre para o adepto em decorrência de sua dedicação à opus, para que, nas palavras de Jung, ele possa "livrar-se das garras asfixiantes de uma visão unilateral do mundo".[6]

Na linguagem da teologia cristã, Maria é louvada enquanto *fenestra evasionis*, a janela que permite uma libertação do mundo.[7]

No estudo de Hampe, que já mencionamos aqui, há muitos exemplos importantes. Vejamos o depoimento do arquiteto Stefan Von Jankovich:

> Uma das maiores descobertas que fiz durante minha experiência de morte [...] foi a do princípio da oscilação. [...] Desde aquela ocasião, "Deus" representa para mim uma fonte de energia primordial, inexaurível e eterna, permanentemente irradiando e absorvendo energia e em constante pulsação. [...] Diferentes mundos resultam de diferentes oscilações, sendo que as frequências determinam as diferenças. [...] Portanto, mundos diferentes podem existir simultaneamente no mesmo lugar, já que as oscilações sem correspondência entre si também não se influenciam. [...] Dessa forma, o nascimento e a morte podem ser compreendidos como eventos nos quais passamos de uma frequência de oscilação, e portanto de um mundo, para outro.[8]

Jankovich se aproxima bastante da visão de Jung.

Na maioria de relatos similares sobre experiências da morte, o indivíduo em questão sempre sente uma nítida relutância de voltar à realidade cotidiana. Esse seria o momento em que o cérebro começa a "rebaixar" a intensidade psíquica, confinando novamente a pessoa às necessárias realidades de espaço-tempo e massa. O corpo, que havia sido "irrealizado"; pode novamente ser sentido.

O relato de Victor Solov – que foi considerado clinicamente morto durante vinte e três minutos – é menos influenciado por reflexões subsequentes e nesse sentido mais genuíno do que o de Jankovich:

> Eu me dirigia rapidamente a uma rede brilhante que vibrava com uma extraordinária energia fria nos pontos de inter-secção de seus filamentos luminosos. A rede era como uma treliça que eu não queria perfurar. Por um instante, meu movimento parecia retardar-se, mas logo depois eu estava *dentro* da treliça. Ao entrar em contato com ela, a oscilação da luz aumentou a tal grau de intensidade que me consu-miu, e ao mesmo tempo me transformou. Não senti dor alguma. A sensação não era agradável nem desagradável, mas me preencheu por completo. A partir de então tudo mudou – mas isso só pode ser descrito muito vagamente. *Essa rede era como um transformador de energia que me transpor-tou para um estado sem forma, além do tempo e do espaço.* Eu não estava em outro lugar – pois as dimensões espaciais tinham sido abolidas –, mas em outro estado de ser.[9]

Um dos pacientes de Lindley relatou ter visto uma estrutura entrelaçada semelhante; quanto mais ele se concentrava na fonte de luz, mais estranha ela lhe parecia. Era mais do que luz; era uma "rede de força".[10] Parecia uma teia de aranha.

Essa trama ou rede lembra a "cortina de fios" através da qual, num sonho, uma mulher viu seu tio desaparecer. O tio morreu no instante em que o sonho ocorreu, embora a mulher ainda não tivesse recebido a notícia.[11]

Eu tive o seguinte sonho, cinco anos depois da morte de meu pai:

> Eu estava com minha irmã e pretendíamos tomar o bonde nº 8, num certo ponto de Zurique, para irmos até o centro da cidade. Subimos no bonde e só então percebemos que ele ia na direção contrária. Eu disse para minha irmã: "se só uma de nós tivesse feito isso, teria sido apenas um engano; mas como o fizemos juntas, deve haver um sentido. Vamos ver o que vai acontecer". Apareceu então um suposto "controlador" que verificava os bilhetes. No seu boné estavam as letras "CEZ", Companhia Elétrica de Zurique. Fiquei pensando por que esse homem era o controlador. Descemos na parada seguinte, um táxi encostou ao nosso lado e dele saltou meu pai! Eu sabia que era o seu fantasma. Quando ia cumprimentá-lo, ele me fez um sinal para que não me aproximasse demais e saiu andando em direção à casa onde vivera. Eu gritei: "nós não moramos mais aí!" – mas ele balançou a cabeça e murmurou: "isso já não tem mais importância para mim".

Os temas importantes neste sonho são o bonde nº 8 e o estranho "controlador". No simbolismo dos números, oito representa atemporalidade e eternidade. Segundo Santo Agostinho, depois dos sete dias da criação veio o oitavo, "que já não tem noite" (Sermão IX, 6). Na alquimia, oito é o número da totalidade.[12] Associei a "controlador" a palavra "controle". Como é sabido, o controle nas sessões espíritas é uma pessoa-fantasma que faz a mediação entre o médium e os "espíritos". Muitos médiuns não conseguem trabalhar sem esse controle, que por assim dizer funciona como seu animus personificado (ou anima, se o médium for homem). Mas por que em meu sonho há um funcionário da Companhia de Eletricidade de Zurique? Minhas associações indicavam que ele podia ter algo a ver com a transformação de tensão ou frequência da corrente, possivelmente com um aumento dessa frequência. Essas experiências todas parecem confirmar a hipótese de Jung.

Num certo limiar do aumento de frequência, as funções psíquicas responsáveis pela nossa percepção do tempo e do espaço parecem deixar de funcionar. Jung não se cansava de relembrar o fato de que uma certa parte da psique não se prende à categoria espaço-tempo. Sobre esse assunto, ele diz numa carta o seguinte:

> O que comumente se entende por "psique" é, por certo, um fenômeno efêmero, se pensarmos nos fatos ordinários da consciência. Mas nas camadas mais profundas da psique, que chamamos de inconsciente, há coisas que põem em

dúvida as categorias indispensáveis de nosso mundo consciente, isto é, tempo e espaço.[13] A existência da telepatia no tempo e no espaço só pode ser negada por uma atitude que prefere ignorá-la. A percepção desvinculada do tempo e do espaço é possível exatamente em razão da constituição análoga da psique. A atemporalidade e a aespacialidade devem portanto ser inerentes à sua natureza, o que em si já basta para pôr em dúvida a temporalidade exclusiva da alma, ou se preferir, isso nos faz duvidar da aparência do tempo e do espaço. [...] É claro que a atemporalidade e a aespacialidade não poderão jamais ser apreendidas por meio da nossa inteligência, de forma que devemos nos contentar com o conceito aproximativo. Sabemos, porém, que existe uma porta que se abre a uma ordem de coisas totalmente diversa da que encontramos em nosso mundo empírico da consciência.[14]

E em outra carta:

A questão é que os conceitos de tempo e espaço, como todos os demais, não são axiomáticos e sim verdades estatísticas. Isso é comprovado pelo fato de que a psique não se encaixa por completo nessas categorias. Ela é capaz de percepções telepáticas e precognitivas. Nessa medida, ela existe num continuum que vai além do espaço e do tempo. É de se esperar portanto a ocorrência de fenômenos pós-morte, que devem ser encarados como autênticos. Nada pode ser afirmado com respeito à existência fora do tempo. A relativa raridade de tais fenômenos sugere que as formas de existência dentro e fora do tempo são tão claramente separadas que atravessar essa fronteira torna-se extremamente difícil. Mas isso não exclui a possibilidade de uma existência fora do tempo, paralela à existência no tempo. Sim, talvez existamos de maneira simultânea nos dois mundos, ocorrendo-nos ocasionalmente intimações de uma existência dupla. Mas, segundo nosso entendimento, o que está fora do tempo não muda, possuindo uma relativa eternidade.[15]

A hipótese de Jung sobre o tempo pode ser ilustrada pela conversa que Lückel teve com uma mulher prestes a morrer. Lückel havia lhe dito que tinha a impressão de que ela vivia em duas espécies de tempo:

"Sim, é isso mesmo", respondeu ela. "Há de um lado uma sensação maravilhosa, mas também outra, muito estranha. Um tempo passa, e outro não. E eu posso influenciar isso — pelo menos um pouquinho." Lückel: "Então você tem duas sensações de tempo diferentes e simultâneas". Ela: "Sim. Uma sensação é muito remota e profunda, *como se eu pudesse estar em todos os lugares ao mesmo tempo*. Sinto como se meu corpo fosse assim como o ar, ou como a luz — como se não houvesse limites. [...] A outra sensação é a de que meus momentos estão sendo contados. Isso não para nunca e não posso fazer nada. Estou me tornando cada vez menos".[16]

Não é por certo apenas a nossa experiência de espaço e tempo que cessa no limiar da morte, mas também a conexão entre a psique e a atividade cerebral. Em decorrência disso, a psique já não é mais extensão, mas apenas intensidade. Talvez seja isso o que sugerem as experiências de luz, já que a luz ainda é virtualmente o mais elevado limite perceptível de extensão.

Aniela Jaffé observou em seu trabalho que o tema da luz aparece com bastante frequência. Citaremos apenas alguns exemplos.

Uma mulher relatou ter visto, na véspera de Natal, seu pai já falecido caminhando em sua direção "resplandecente como o ouro e transparente como a bruma".[17] Outros dizem que viram um morto "transparente e brilhante como o sol",[18] ou "envolto numa luz religiosa".[19] Ou então a luz aparecia um pouco antes de surgir a figura da pessoa já falecida.[20] A descrição é variável: "brilho incomum", "extraordinária luminescência", ou "brilho deslumbrante como o do sol". Essas são aparições vistas em sonhos ou visões em estado vígil. Figuras espectrais perversas também aparecem numa luz desse tipo. Um homem que atravessava uma floresta em sua carruagem chega a um local supostamente assombrado por uma assassina de crianças, quando vê um raio ou esfera de luz intensíssima que assusta seus cavalos. Outro homem, na altura de uma rua que foi cenário de um suicídio, vê um cone de luz fulgurante com duas figuras dentro. Casos como esses há muitos. Por certo, manifestações luminosas desse tipo também podem ocorrer quando um complexo autônomo de uma pessoa viva é constelado em alto grau de intensidade.

A luz vermelha que brilha no interior do baú negro no sonho mencionado alguns capítulos atrás parece-me especialmente significativa. O retângulo negro, enquanto caixão ou túmulo, está associado à morte e de seu interior provém a luminosidade. Isso lembra a estranha ideia de Orígenes de que o corpo ressuscitado emerge do cadáver por meio de uma espécie de *spintherismos* (emissão de faíscas), como se a energia fluísse do corpo morto para formar outro ressuscitado. Isso pode também sugerir uma gradual conexão entre o corpo fisicamente "material" e a forma pós-mortal de existência.

Podemos encontrar ainda mais simbolismo do corpo sutil, da luz e da intensidade de energia no material coletado por Mattiesen, relativos à aparição de fantasmas ao lado da cama dos moribundos.[21] Assim, na cabeceira de um certo Horace Frankel, as pessoas presentes viram o fantasma de Walt Whitman, amigo de Frankel, aparecendo primeiro como uma "pequena nuvem" e depois como o próprio Whitman. Um dos presentes o tocou e sentiu "uma espécie de leve vibração elétrica".[22] Von Güldenstubbe descreve uma aparição análoga. Certa noite, ele viu "uma coluna escura de vapor cinzento", que foi ficando azul até transformar-se na figura de um homem. À medida que se desmaterializava, o fantasma voltava à forma de coluna e "a luz gradualmente ia se enfraquecendo, bruxuleando como uma lamparina que se apaga".[23]

Os médiuns dizem que as materializações são substâncias constituídas por um "baixo nível de vibrações".[24] Mattiesen também discute em seu trabalho algumas teorias mediúnicas, que me parecem demasiado especulativas. Por outro lado, parece provável sua sugestão de que o vento frio, a baixa temperatura e a névoa que acompanham a aparição de espíritos possam ser explicados pelo fato de que as aparições retiram energia dos vivos (para se tornarem visíveis).[25] Seja como for, o simbolismo contido nesses relatos parapsicológicos sugere processos energéticos.

Três dias antes da morte do Sr. C., uma amiga dele teve o seguinte sonho:

> Estou num lugar muito elevado e aí percebo uma espécie de *intensidade* muito forte. Não dava para saber se era calor ou frio. Eu sabia que o Sr. C. tinha morrido e então pude vê-lo numa pequena nuvem brilhante acompanhado por duas figuras de branco, assim como anjos ou querubins.

A caixa de metal de um sonho citado anteriormente também indica uma radiação de energia. A mulher que teve esse sonho associou a urna com as cinzas de seu falecido filho a um contêiner cheio de substância radioativa que poderia irradiar-se pelo universo inteiro. Essa sugestão do sonho poderia ser tomada como uma expressão da hipótese de Jung sobre uma forma de energia supra-luminosa ou uma forma de existência da psique não encarnada.

Algumas das hipóteses dos físicos contemporâneos se coadunam com essa concepção energética, dada a sua tendência a encarar o universo físico em sua totalidade como uma "dança cósmica de energia".[26] O físico David Bohm se aproxima bastante da ideia de Jung, pois ele também considera a possibilidade de aspectos não observáveis de existência.[27] Bohm parte da hipótese de uma indivisibilidade de todos os processos materiais, princípio este contestado no assim chamado paradoxo de Einstein, Podolsky e Rosen.[28] Para ilustrar esse paradoxo, sugeriu-se um experimento hipotético no qual duas partículas (A, B), unidas num sistema cuja desintegração não afeta o *spin* de cada uma delas, são observadas como se totalmente separadas. Ocorre que um distúrbio no *spin* de A provoca um distúrbio correspondente em B, tornando impossível a interação até mesmo com um sinal de luz. É como se B "soubesse" o que se passa em A.[29] Isso implica a possibilidade, no nível mais profundo, de que o universo seja *um todo indivisível*. Bohm, além disso, postula que o universo material observável é apenas uma superfície, uma "ordem explícita" ou desdobrada de existência, sob a qual há uma "ordem implícita" ou fechada.[30] Essas duas "ordens" coexistem num indefinível holomovimento, isto é, numa "totalidade indivisa". Conjuntos explícitos e implícitos existem sem solução de continuidade, entrelaçados na incompreensível totalidade de movimento.[31]

O mundo manifesto, que podemos compreender através dos sentidos, é o mundo explícito, percebido pela consciência ou pela observação consciente. "A matéria, em geral, e a consciência em particular, ao menos em certo sentido podem ter em comum essa ordem explícita (manifesta)",[32] sustentando-se ambas numa ordem implícita de dimensões mais elevadas. "Assim sendo [...] *o que é* é movimento, representado no pensamento como copresença de diferentes fases de ordem implícita."[33]

Para o psicólogo, fica claro que com essa ideia de uma "ordem implícita" David Bohm esboçou um modelo projetado do inconsciente coletivo,[34] de sorte que em sua teoria temos diante de nós a descrição geral de um modelo psicofísico da unidade de toda a existência. O plano de fundo dessa existência, como diz Bohm, é um infinito reservatório – um "vasto 'mar'" – de energia[35] que se oculta atrás/abaixo da nossa consciência desdobrada no espaço-tempo.

Essa nova imagem do mundo físico pode perfeitamente ser associada à hipótese de Jung de uma energia única, que fisicamente aparece desdobrada no espaço-tempo, mas que coexiste psiquicamente enquanto pura intensidade (fechada) aespacial e atemporal.

Outros físicos modernos também se aventuram a propor esboços especulativos de uma imagem psicofísica unificada de mundo. Fritjof Capra comparou o conceito contemporâneo de matéria enquanto "dança de energia" com as ideias orientais do taoismo e da dança de Shiva.[36] Olivier Costa de Beauregard conclui, com base na teoria da informação, "que o universo investigado pelos físicos não é o todo, mas que ele nos dá a ideia da existência de outro universo *psíquico*, do qual o universo material é apenas um duplo passivo e parcial".[37] O universo psíquico é atemporal, espalha-se através do espaço e também contém um conhecimento transpessoal, conhecimento este que Jung atribui ao inconsciente coletivo. Jean Charon postula uma onisciência psíquica para alguns elétrons.[38] Essas são, naturalmente, especulações que ainda não podem ser encaradas como certezas, mas nas quais é possível perceber uma tendência a admitir a existência de um plano de fundo universal psíquico e físico, no qual a matéria cósmica e o inconsciente coletivo seriam dois aspectos do mesmo fundamento universal.[39]

Talvez todas essas escadas, degraus etc. que aparecem nos sonhos mencionados anteriormente indiquem a possibilidade de uma conexão *gradual* entre as duas formas de energia (matéria corpórea e psique). Ao mesmo tempo, talvez ocorra no momento da morte uma gradativa liberação das amarras do espaço-tempo; assim sendo, não seria surpresa o fato de que os fenômenos de sincronicidade se manifestem com maior frequência nas vizinhanças dos lugares onde a morte ocorreu. À luz da hipótese de Jung, todo esse complexo de questões funde-se numa surpreendente unidade.

A hipótese de uma gradual conexão entre o corpo físico e a psique não encarnada não é refutada pelo fato de que a morte pareça ser relativamente abrupta (sabemos que, em termos médicos, não é nada fácil especificar o exato momento da morte). Podemos observar que em vários processos energéticos há "limiares" nos quais ocorrem mudanças "repentinas"; por exemplo, no ponto de congelamento ou no início da evaporação de um líquido. No material apresentado neste livro, há várias indicações sobre a existência de um tal "limiar":[40] entre outros, o sonho acima citado, no qual uma vela que se apaga continua acesa do lado de fora da janela. O limiar, nesse caso, é simbolizado pelo vidro, que é uma substância altamente isolante. É como se a vela se desmaterializasse e novamente se materializasse do outro lado da janela, pois de um lado ela já havia terminado mas no outro ela é do tamanho normal e está acesa. Outro exemplo é a treliça que aparece na experiência de quase-morte de Solov, novamente uma representação do limiar. O fato de que esses limiares existam na natureza é evidenciado pelos assim chamados "buracos negros" recentemente descobertos no espaço sideral. Presume-se que estrelas de certa magnitude tornam-se cada vez mais densas devido à atração gravitacional mútua de suas partículas; como é sabido, essa gravitação aumenta quadraticamente com a diminuição da distância entre as partículas. O resultado é um colapso da gravidade. O espaço-tempo ao redor da estrela torna-se cada vez mais curvo, até que nem mesmo a luz possa escapar; ele "traga" todos os raios luminosos que dele se aproximam. Forma-se assim um "horizonte de eventos" em torno da estrela, dentro do qual nada mais pode ser observado. É como se a estrela saísse do nosso tempo e desaparecesse da nossa observação, apesar de "ainda estar lá".[41]

Algo análogo é simbolicamente sugerido no sonho de uma mulher que teve apenas algumas sessões comigo. Ela não conhecia Jung pessoalmente, mas o venerava à distância. No dia em que Jung morreu, sem ter conhecimento do fato, ela teve o seguinte sonho:

> Ela estava numa festa ao ar livre e havia muitas pessoas num gramado. Jung estava entre elas. Seu traje era muito estranho: o paletó e as calças eram verdes na frente e pretos nas costas. Então ela viu um muro negro com uma abertura que tinha exatamente o mesmo recorte que a figura de Jung. De repente ele se encaixou nessa abertura e então só se via uma superfície totalmente preta, embora todos soubessem que ele ainda estava lá. Nesse momento, a mulher olhou para si mesma e descobriu que suas roupas também eram verdes na frente e pretas atrás.

Ela acordou intrigada com o sonho e a seguir ouviu a notícia pelo rádio da morte de Jung. Esse sonho me parece querer dizer que a morte é um problema de limiar de percepção entre os vivos e os mortos. Estes desapareceram atrás de um "horizonte de eventos", por assim dizer, como estrelas num buraco negro, mas eles continuam existindo. Vários povos da África negra consideram que há uma unidade entre o Aqui (vida) e o Ali (o reino dos mortos).[42] Uma velha zulu explicou isso de forma muito direta. Estendendo a mão com a palma para cima, ela disse: "é assim que vivemos". Daí ela virou a mão com a palma para baixo e completou: "é assim que os ancestrais vivem".[43] Não pode haver modo mais claro de expressar a ideia de que o mundo dos vivos e o dos mortos formam um todo. Nessa mesma linha, Jung diz numa carta:

> Esse espetáculo da velhice seria insuportável se não soubéssemos que nossa psique atinge uma região imune à mudança temporal e à limitação espacial. Nessa forma de ser, nosso nascimento é uma morte, e nossa morte é um nascimento. Os pratos da balança se equilibram.[44]

## Capítulo 12

# SUMÁRIO

Os sonhos das pessoas próximas da morte indicam que o inconsciente, isto é, nosso mundo instintivo, prepara a consciência não para um fim definitivo, mas para uma profunda transformação e para uma espécie de continuação do processo vital que a consciência cotidiana não consegue sequer imaginar.

Os símbolos que aparecem nesses sonhos estão em harmonia temática ou estrutural com os ensinamentos das várias religiões sobre a vida após a morte. Vimos, além disso, que esses sonhos empregam uma grande variedade de imagens míticas. Apresentei neste estudo um número relativamente pequeno de casos, mas tenho a esperança de que possam estimular uma pesquisa sistemática em escala maior, num trabalho de equipe. Para tanto, é claro, é preciso contar com especialistas que tenham não apenas compreensão psicológica, mas também um amplo conhecimento etnológico, religioso e histórico. Acredito que tal projeto poderia levar a resultados ainda mais surpreendentes.

Nosso estudo responde apenas a algumas questões, recoloca questões antigas e sugere muitas novas.

Será que a sobrevivência após a morte – caso exista – continua apenas por um período limitado, ou dura um tempo maior? Como se relacionam os mortos uns com os outros? O que significa uma existência eterna? Por que é que há imagens tanto trágicas como gloriosas do Além independentemente da especificidade cultural e moral das diferentes religiões? Será que a personalidade dos mortos se desintegra e, nesse caso, ocorrerá isso sempre ou só em alguns casos? O que significa morte parcial, segundo a expressão de Jung? Há evidências da hipótese de reencarnação? Etc. etc.

A grande incerteza sobre a morte, sentida de forma consciente ou inconsciente por muita gente na atualidade, é um fato que permanece inalterado. Só se pode invejar os que esperam a morte ancorados numa crença.

Edinger chama de "metafísicos" os sonhos que compõem a série por ele estudada em *Ego e Arquétipo*. Realmente, eles diferem da maioria dos sonhos com os quais trabalhamos na prática psicoterapêutica. É de algum modo difícil interpretá-los adequadamente em termos subjetivos, ou seja, enquanto representações simbólicas de processos subjetivos interiores. Isso quer dizer, na terminologia de Jung, que esses sonhos não podem ser "psicologizados". Sentimo-nos compelidos a deixá-los no ar, como afirmações simbólicas sobre outra realidade, da qual estamos separados por uma misteriosa e perigosa barreira. Parece-me relevante que isso seja descoberto na psique humana ao mesmo tempo que a física moderna começa a falar de universos "com os quais não podemos nos comunicar". A ciência moderna encontra-se num ponto crítico, caminhando em direção à descoberta de que por toda parte estamos rodeados de mistérios racionalmente impenetráveis. É de se esperar que esse reconhecimento inaugure um período de maior modéstia intelectual. Para mim, porém, isso não significa evitar questões ou a pesquisa. Talvez alguns leitores tenham percebido que a investigação científica de sonhos baseada nas descobertas de C. G. Jung é capaz de trazer à luz certas realidades muito mais reveladoras – que poderão levar a novas questões, ainda mais difíceis e urgentes.

# NOTAS

## Introdução

1. Gostaria de agradecer muito cordialmente a meu jovem amigo Emmanuel Xipolitas Kennedy, que me forneceu um amplo apanhado da literatura existente, algo que eu não conseguiria ter obtido sem a sua ajuda. Além disso, ele me permitiu consultar sua dissertação ainda não publicada *Archetypische Erfahrungen in der Nähe des Todes*.

2. *Death, the Final Stage of Growth*. Ver também *Living with Death and Dying*.

3. Interpretação inicial errônea de Freud que não se sustenta após um exame mais detalhado dos sonhos.

4. *Memories, Dreams, Reflections*, p. 306.

5. Cf. Friedrich Nötscher, *Altorientalischer Auferstehungsglaube*, pp. 300 ss. Ver também a literatura aí citada, bem como o material adicional de Josef Scharbert.

6. Cf. *ibid.*, p. 301.

7. Schopenhauer já afirmara que é exatamente nesse ponto que se encontra o caráter mais sério, importante, celebrado e terrível da hora da morte (*Parerga* I, 245). Trata-se de uma crise no verdadeiro sentido da palavra – um Juízo Final.

8. *Zur Theologie des Todes,* pp. 23, 61.

9. Cf. G. Greshake e G. Lohfink, *Naherwartung; Auferstehung, Unsterblichkeit,* especialmente pp. 170 ss. e p. 193. Ver também os trabalhos de Teilhard de Chardin.

10. C. G. *Jung, Psychology and Alchemy,* p. 26.

11. *Ego and Archetype,* p. 224.

12. Como o faz Aniela Jaffé em *Apparitions and Precognition.*

13. *The Structure and Dynamics of the Psyche,* pars. 912, 923, 931, 948.

## Capítulo 1

1. Cf., por exemplo, K. Ranke, *Indogermanische Totenverehrung*, pp. 164 ss. e a literatura adicional aí citada.

2. Cf. *ibid.*, p. 171.

3. *Ibid.*, p. 153.

4. *Ibid.*, p. 10 e notas 2, 3; ver também p. 11.

5. Cf. François Cumont, *Lux Perpetua*, pp. 16 ss.

6. Cf. *ibid.*, p. 29.

7. Ranke, *op. cit.*, p. 153.

8. *Ibid.*, p. 176.

9. Cf. Ivan A. Lopatin, *The Cults of the Dead among the Natives of the Amur Basin*, especialmente pp. 128 ss.

10. *Ibid.*, pp. 126 ss.

11. Cf. W. Kucher, *Jenseitsvorstellungen bei den verschiedenen Völkern*, p. 130.

12. Cf. Sigrid Lechner-Knecht, "*Totenbräuche und Jenseitsvorstellungen bei den heutigen Indianern und bei asiatischen Völkern*", pp. 165 ss.

13. *Corpus scriptorum latinorum academiae vindebonensis*, vol. 47, 59.

14. Cf. G. R. S. Mead, *The Doctrine of the Subtle Body in Western Tradition*, pp. 82 ss.

15. Segundo Greshake e Lohfink, essa crença é atualmente rejeitada pela maior parte dos teólogos católicos.

16. *Psychology and Religion*, pars. 553-555 (grifo nosso).

17. Infelizmente, as observações de Orígenes a respeito da ressurreição só foram preservadas nas citações contidas numa Carta de São Jerônimo a Pammachius, livro IV, 38. Cf. Mead, *op. cit.*, p. 83.

18. Mead, *op. cit.*, p. 84.

19. *Ibid.*, p. 86.

20. Cf. *ibid.*, pp. 86 ss.

21. *Aegyptische Unterweltsbücher*, p. 136 (sétima hora da noite, sétima cena).

22. *Ibid.*, p. 333.

23. NN corresponde ao nome do morto em questão.

24. *Aegyptische Unterweltsbücher*, p. 336.

25. *Ibid.*, p. 339.

26. *Ibid.*, p. 348.

27. Cf. Jack Lindsay, *The Origins of Alchemy in Graeco-Roman Egypt*, p. 71.

28. *Ibid.*, p. 194.

29. *Ibid.*

30. *Ibid.*, p. 195.

31. *Ibid.*

32. *Ibid.* Ver também as palavras de Hermes *in* Berthelot, *Collection des anciens alchemistes grecs*: "Ide até o lavrador Achaab e observai como ele planta trigo e colhe trigo" (vol. 2, p. 89).

33. Citado *in* G. Thausing (org.), *Auferstehungsgedanke in ägyptischen religiösen Texten*, pp. 165 s., Texto tumular nº 58; Lacau, *Receuil des Traveaux*, 31.5.15; cf. também o Texto tumular nº 80, p. 166, nota 1.

34. *Das Totenbuch der Aegypter*, p. 215.

35. G. Thausing, *op. cit.*, p. 166.

36. De um Texto tumular de Mênfis, citado por H. Kees, *Totenglauben und Jenseitsvorstellungen der alten Aegypter*, p. 148.

37. Páginas 306 s.

38. Segundo H. Leisegang, *Die Gnosis*, pp. 68 ss.

39. *Ibid.*, pp. 69 s.

40. No "Livro Egípcio dos Mortos", ele diz: "Sigo rio abaixo e rio acima nos campos de papiro e entro em união com o campo do sacrifício, pois sou Ruti" (*Totenbuch der Aegypter*, p. 153).

41. Cf. Constant de Wit, *Le rôle et le sens du lion dans l'Egypte ancienne*, p. 161 e também p. 31. Quanto à identidade de Aker, ver p. 129.

42. *Ibid.*, p. 169.

43. *Ibid.*, p. 141.

44. Cf. Kees, *op. cit.*, pp. 73 ss.

45. Cf. *Totenbuch der Aegypter*, p. 139.

46. Cf. De Wit, *op. cit.*, pp. 95, 97.

47. *Aegyptische Unterweltsbücher*, p. 443; ver também p. 307.

48. *Ibid.*, p. 433.

49. *Ibid.*, p. 440.

50. *Ibid.*, p. 429; ver também p. 347.

51. Cf. De Wit, *op, cit.*, p. 103.

52. Alusão à lavagem do ouro a partir da areia dos rios.

53. Cf. Berthelot, *op. cit.*, p. 71.

54. *Ibid.*, pp. 94 s.

55. *Ibid.*, p. 95.

56. *Ibid.*

57. J. G. Griffiths, *Apuleius of Madura: The Isis Book*, p. 230 (grifo nosso).

58. Palavras do próprio sonhador.

59. Logo antes dessa passagem, o texto diz o seguinte: "Que espécie de transformação observo agora? A água e o fogo, que originalmente eram inimigos e antagônicos à sua oposição, agora se unem, visando a unidade e o amor" (p. 94, linha 17 ss.). O texto prossegue com a passagem citada, referente à "tumba de Osíris".

60. Cf. Griffiths, *op. cit.*, p. 231. A afirmação de Griffiths baseia-se em A. A. Barb, "Diva Matrix", pp. 200 s.

61. Edward Edinger, *Ego and Archetype*, pp. 209 s.

62. *Ibid.*, p. 210.

63. *Psychodynamics of the Dying Process*, fig. 16b.

64. *Mysterium Mortis*, p. 85.

65. *Ibid.*, p. 89; ver também p. 101.

66. *Ibid.*, p. 107.

67. *Aegypter Unterweltsbücher*, p. 289; ver também p. 273.

68. *Ibid.*, p. 290.

## Capítulo 2

1. O herói de *Green Mansions*, entre outras coisas, adapta-se por completo ao espírito da vegetação da floresta amazônica.

2. *Ego and Archetype*, p. 212.

3. Cf. C. G. Jung, *Mysterium Coniunctionis*, par. 395.

4. *Adonis, Attis, Osiris.*

5. Wald-und Feldkulte.

6. *Ibid.*, vol. I, pp. 313 ss.

7. *Ibid.*, pp. 410 s.

8. Cf. V. Arnold-Döben, *Die Symbolik des Baumes im Manichaeismus*, vol. 5, pp. 10 ss.

9. *The Death of a Woman*, p. 269.

10. *Symbols of Transformation*, par. 367.

11. Relatado *in* Kurt Lückel, *Begegnung mit Sterbenden*, p. 107.

12. A última sentença do sonho não é claramente formulada, pois o moribundo já não podia mais falar coerentemente. O que ele pretendia dizer é que gotas vermelhas formavam uma espécie de escada; ao subi-la, ele via no alto uma árvore de Natal. Seja como for, foi dessa forma que sua esposa interpretou essa passagem do sonho para mim.

13. *In Alchemical Studies*, pars. 304-482.

14. Iman 'Abd ar-Rahim ibn Ahmad al-Qadi, *Das Totenbuch des Islam*, p. 179.

15. *The Archetypes and the Collective Unconscious*, par. 198 (grifo meu).

16. Berthelot, *Collection des anciens alchimistes grecs*, vol. 2, p. 290. O nome "Komarios" provavelmente deriva do aramaico *komar*, que significa "sacerdote".

17. *Ibid.*, p. 292.

18. Cf. Zózimos, *in* Berthelot, *op. cit.*, p. 107. A natureza uniforme e singular é atribuída à superfície dura dos metais e à natureza flexível da madeira das plantas.

19. Olimpiodoro, *in* Berthelot, *op. cit.*, p. 94. Há dois processos de branqueamento e dois de amarelecimento, e duas substâncias correlatas, a úmida e a seca. Isso quer dizer que na catalogação de "Amarelo", por exemplo, lê-se o seguinte: "Plantas e metais. [...] Plantas amarelas são o croco e o elydrion" etc. Ou então: "As plantas são todas metais (= pedras) de cor amarelo-ouro" (*ibid.*, p. 6).

20. Berthelot, *op. cit.*, p. 292.

21. *Ibid.*, p. 293.

22. Jorinde Ebert, "Parinirvana", p. 299.

23. *Memories, Dreams, Reflections*, p. 314.

24. *In Spiritual Body and Celestial Earth*, capítulo I, 3, "Visionary Geography", pp. 24-36.

25. *Ibid.*, pp. 30 s.

26. *Ibid.*, pp. 31-2.

27. *Ibid.*, p. 32.

28. Cf. N. Junker, Die Stundenwachen in den Osirismysterien, vol. 4, pp. 2, 4; ver também A. Moret, *Mystères Egyptiens*, pp. 22 ss.

29. Cf. Moret, *op. cit.*, p. 33.

30. *Totenbuch der Aegypter*, p. 167.

31. *Ibid.*, p. 149.

32. *Ibid.*, p. 170.

33. Cf. Mokusen Miyuki, *Kreisen des Lichtes*, p. 176.

34. *Ibid.* Cf. também C. G. Jung e Richard Wilhelm, *The Secret of the Golden Flower*.

35. Cf. Miyuki, *op. cit.*, p. 69.

36. *Ibid.*

37. *Ibid.*, p. 80.

38. *Ibid.*, p. 92.

39. *Ibid.*, p. 111.

40. Cf. Sigrid Lochner-Knecht, *Totenbräuche und Jenseitsvorstellungen bei den beutigen Indianern*, pp. 169-70.

41. *Ibid.*, p. 163.

42. *In Die Märchen der Weltliteratur: Zigeuner Märchen.* Variações desse conto são frequentes na Europa Oriental.

43. Para mais detalhes, ver M.-L. von Franz, *Die Visionen des Niklaus von Flüe.*

44. Cf. as rosas e outras flores pintadas pela paciente de David Eldred, *in Psychodynamics of the Dying Process*, especialmente as figs. 12, 15, 26 e 27.

45. Cf. Paul Arnold, *Das Totenbuch der Maya.* Cf. também A. Anderson e Charles Dibble, *Florentine Codex*, livro 3, *passim*.

46. Arnold, *op. cit.*, p. 18.

47. *Ibid.*, p. 38, 39.

48. *Ibid.*, pp. 43, 185.

49. *Ibid.*, pp. 57, 95 ss.

50. Marcel Granet, *La Pensée Chinoise: Chinese Thought*, p. 267.

51. *Ibid.*

52. *Ibid.*, p. 160.

53. Granet, *Danses et Légendes de la Chine Ancienne*, pp. 332, 335; ver também p. 333.

54. *Ibid.*, p. 159.

55. *Ibid.*, p. 334, p. 330 e nota.

56. *Ibid.*, p. 158.

57. Cf. J. Wiesner, *Grab und Jenseits*, p. 218.

58. Essa flor miraculosa apareceu pela primeira vez num sonho anterior; daí a referência na imaginação ativa.

## Capítulo 3

1. Provavelmente com a *hydor theion*, ou seja, a "água divina".

2. No texto consta "da fumaça", o que não se encaixa no contexto. A fumaça, para os alquimistas, era um símbolo do material sublimado.

3. Berthelot, *Collection*, vol. 2, pp. 293 ss., pars. 10 ss.

4. "Pardes Rimmonim" é o título de um velho tratado cabalístico de Moisés Cordovero (século XVI). "Na doutrina cabalística, Malchut e Tifereth [...] representavam os princípios masculino e feminino

no interior da Divindade." Nota de Aniela Jaffé *in Memories, Dreams, Reflections*, p. 294.

5. *Memories*, pp. 293-295.

6. *Letters*, vol. I, pp. 358 s.

7. Cf. Sixtus de Siena, *Biblioteca Sancta Venetiis*, p. 478. Ver também Martin Grabman, *Die echten Schriften des hl. Thomas von Aquin*, p. 189. Mais *in* M.-L. von Franz, *Aurora Consurgens, passim*.

8. Von Franz, *Aurora Consurgens*, p. 145.

9. *Ibid.*, pp. 145, 147.

10. *Ego and Archetype*, p. 217.

11. Cf. Von Franz, *Number and Time*, p. 172.

12. Cf. Von Franz, "Some Archetypes surrounding Death", p. 14.

13. Esse corpo, porém, como indica o sonho, já não é mais o "velho" corpo, mas um novo, espiritualizado.

14. *The Death of a Woman*, p. 28.

15. Citado *in Leben und Tod in den Religionen*, p. 178.

16. *Ibid.*, p. 203.

17. *In Zigeuner Märchen*, pp. 117 ss.

18. *In Französische Märchen*, p. 141. Ver também *Bretönische Märchen*, pp. 1 ss.

19. Cf. M.-L. von Franz, *The Passion of Perpetua*, pp. 11, 13.

20. Essa afirmação baseia-se inteiramente nas profundas e sutis exposições de Henri Corbin em *Spiritual Body and Celestial Earth*, pp. 3-105.

21. *Ibid.*, p. 15; ver também p. 38.

22. *Ibid.*, pp. 28, 36, 42.

23. *Ibid.*, p. 42.

24. *Ibid.*

25. *Ibid.*

26. M.-L. von Franz, "Some Archetypes surrounding Death", p. 13.

27. Barbara Hannah, "Regression oder Erneuerung im Alter", p. 191.

28. *Ibid.*, pp. 191 ss.

29. *Traumbuch*, p. 207.

30. Cf. Emily Vermeule, *Aspects of Death in Early Greek Art and Poetry*. As ilustrações nesse volume são muito significativas, mas o texto é bastante superficial.

31. Citado por Mircea Eliade *in Von Zalmoxis zy Dschingis-Khan*, p. 239. Como bem nota Eliade, esse belo poema é quase impossível de se traduzir. Uma tradução grosseira da versão francesa de Eliade seria a seguinte: "Diz apenas que desposei / rainha sem igual / a prometida do mundo; / que nessas bodas / um astro correu pelo céu; / que acima do trono / a Lua e o Sol / seguravam minha coroa; / as montanhas, meus sacerdotes / minhas testemunhas, as faias / e os hinos, o canto dos pássaros silvestres. / Que tive por círios / as estrelas virgens / milhares de passarinhos / e astros flamejantes".

32. Citação, Edgar Herzog, *Psyche and Death*, p. 107.

33. *Ibid.* Cf. também os outros belos versos aí citados, inclusive "Leonores" de Bürger e seus paralelos em inglês *in* John Radford, "An Image of Death in Dreams and Ballads", pp. 15 ss.

34. Günther Roeder, *Urkunden zur Religion des alten Aegypten*, p. 37 (quinta hora).

35. *Ibid.*, p. 38.

36. *Ibid.*

37. *Ibid.* Cf. também pp. 195 s., em que o morto é saudado como Osíris: "Vossa irmã Ísis vem até vossa presença, plena de amor por vós. Vós a colocais sobre vosso falo e vosso sêmen nela penetra".

38. Cf. Joseph Wiesner, *Grab und Jenseits*, pp. 175 ss.

## Capítulo 4

1. *I Ching*, vol. I, p. 250. [Cf. a tradução brasileira de Gustavo Alberto Correa Pinto.]

2. *Totenbuch der Aegypter*, p. 348.

3. *Ibid.*, p. 174.

4. *Ibid.*, Rubrica 42, p. 115. Cf. também *Aegyptische Unterweltsbücher*, p. 371.

5. *Aegyptische Unterweltsbücher*, p. 325; ver também p. 298.

6. *Life after Life* e *Reflections on Life after Life*.

7. *Recollections of Death*.

8. *Sterben ist doch ganz anders*.

9. Ver também J. Lindley, "Near Death Experiences".

10. Johann Christoph Hampe, *op. cit.*, pp. 52-7.

11. *Ibid.*, p. 83.

12. *Ibid.*, p. 89.

13. *Psychodynamics of the Dying Process*, p. 181.

14. Cf. também Lindley, *op. cit.*, p. 110: "Eu estava num rio negro. Tudo era escuridão. Estava só, sofrendo terrivelmente; as ondas me levavam de um lado para outro. Uma voz atrás de mim disse:

'Este é o Rio da Morte. [...] Esta é a eternidade. Você está perdido. Esta é a eternidade'". Ver também p. 114, uma genuína visão do inferno.

15. Cf. Emily Vermeule, *Aspects of Death*, pp. 37-41.

16. *And a Time to Die*, p. 107.

17. Rahim, *Das Totenbuch des Islam*, pp. 14 s.

18. *Ibid.*, pp. 51 ss.

19. Em última análise, esta é uma variante da imagem primordial da viagem noturna pelo mar. A esse respeito, cf. Uwe Steffen, *Das Mysterium von Tod und Auferstehung*.

20. Helmut Brunner, "Unterweltsbücher in ägyptischen Königsgräben", pp. 224 s. Soker é um antigo deus da morte.

20a. Também no Brasil, como atestam as urnas funerárias de cerâmica encontradas na ilha de Marajó, entre outras evidências. (N. do T.)

21. Cf. Theo Grundermaier, "Todesriten und Lebenssymbole in den afrikanischen Religionen", pp. 250 ss.

22. Cf. Detlef I. Lauf, "Im Zeichen des grossen Uebergangs", p. 95.

23. Berthelot, *Collection*, vol. 2, p. 296, sec. 4.

24. Cf. R. Moody, *Life after Life*, pp. 30-34.

25. Especialmente *On Death and Dying*, capítulo 5, *passim*.

26. "Jenseits des Todes", pp. 74 s.

27. *Reflections on Life after Life*, pp. 18 ss.

28. *Ibid.*, p. 19.

29. Citado por Fortier, *Dream and Preparation for Death*, p. 1. Esse excelente estudo relata uma série de sonhos de três pacientes moribundos.

30. *Ibid.*

31. Ver D. I. Lauf, *op. cit.,* pp. 42 ss.

32. Christa Meves, *op. cit.,* p. 75.

33. Edward Whitmont, *The Symbolic Quest*, p. 53.

34. Plural de *ba*. Segundo a concepção dos egípcios, a parte imortal e volátil da alma.

35. Helmut Brunner, *op. cit.,* p. 221.

36. *Ibid.*, p. 228.

37. *Memories, Dreams, Reflections,* p. 269.

38. Cf. F. Cumont, *Lux Perpetua*, pp. 49 ss. A luz também afugenta os demônios. Agradeço a René Malamud por chamar minha atenção para esse aspecto.

## Capítulo 5

1. "Ich habe Angst zu sterben", pp. 73 ss. Lindner cita esse sonho de J. E. Meyer, *Tod und Neurose*, pp. 18 s.

2. *Ego and Archetype*, p. 200.

3. *Begegnung mit Sterbenden*, pp. 95 s.

4. *Psyche and Death*, p. 39.

5. *Ibid.*, p. 43.

6. *Ibid.*, p. 44.

7. *Memories, Dreams, Reflections*, p. 313.

8. *Ibid.*, pp. 313-14.

9. Exemplos *in* Herzog, *op. cit.,* p. 51.

10. *Ibid.*, p. 53.

11. "Sterberrfahrungen psychologisch beleuchtet".

12. *Ibid.*, p. 33.

13. Vem à mente o romance com o mesmo título de Jeremias Gotthelf.

14. Berthelot, *La chimie du Moyen Age*, vol. 3, p. 117; citado por Jung *in* *Alchemical Studies*, par. 424.

15. Jung, *op. cit.,* par. 428.

16. Hoghelande, "De alchemiae difficultatibus", p. 160; citado por Jung, *op. cit.,* par. 429.

17. Cf. Osis e Haraldson, *At the Hour of Death*, pp. 51, 54, 209 ss.

18. *Ibid.*, pp. 105, 112.

19. Essa experiência da atração pelo "outro" é descrita por Thomas Mann em *Morte em Veneza*; nesse caso, evidentemente, o "outro" não aparece como uma figura interior, mas é projetado sobre alguém no plano exterior.

20. Cf. K. Kerenyi, *Hermes der Seelenführer*, p. 94.

21. Cf. a impressionante descrição do momento em que o Príncipe cai nas mãos de uma bela "mulher desconhecida", feita por Giuseppe di Lampedusa em seu romance *O Leopardo*.

22. *Spiritual Body and Celestial Earth*, pp. 42 ss.

23. *Ibid.*, p. 42.

24. Cf. G. Widengren, *Mani und der Manichaeismus*, p. 33.

25. *Coptic Khephalaia*, capítulo 114; citado por Widengren, *op. cit.,* p. 66.

26. *Ibid.*, p. 106.

27. Henri Corbin, *Creative Imagination in the Sufism of Ibn'Arabi*, p. 279.

28. Cf. W. Neumann, *Der Mensch und sein Doppelgänger*, p. 157.

29. Corbin, *op. cit.,* pp. 384 s.

30. *Ibid.,* pp. 388 s.

31. *Life after Life,* pp. 62 s.

32. *Ibid.,* p. 102.

33. Hampe, *Sterben ist doch ganz anders,* p. 89; segundo o relato de um paciente citado pelo dr. Werner Duvernoy de Upsala.

34. A. Jaffé, *Apparitions and Precognition,* p. 20.

35. *Ibid.,* pp. 45 s.; cf. também pp. 105 ss.

## Capítulo 6

1. Página 1.

2. Berthelot, *Collection,* vol. 2, pp. 151 s.

3. *Ibid.,* p. 201.

4. *Ibid.,* p. 211. Literalmente, "conforme os filósofos".

5. *Ibid.,* p. 252.

6. *Sterben ist doch ganz anders,* p. 71; citado por A. Sborowitz, *Der leidende Mensch,* p. 56.

7. Cf. Jacques le Goff, *The Birth of Purgatory.* Agradeço ao prof. Luigi Aurigemma pela indicação desse livro.

8. *Ibid.,* pp. 49 s.

9. *Ibid.,* p. 55.

10. *Ibid.,* p. 61.

11. *Ibid.,* pp. 67 ss.

12. Cf. *ibid.,* pp. 74 s.

13. Cf. *ibid.*, pp. 29 ss.

14. Cf. *ibid.*, pp. 82 ss.

15. *Ibid.*, pp. 92 ss.

16. Documentado, *ibid.*, pp. 81 s.

17. Stromata, IV, 24; VII, 6. Cf. também Orígenes, *in Exodum homiliae 6, Patrologia graeca*, XIII, 334-35.

18. Cf. *Aegyptischer Unterweltsbücher*, p. 249.

19. *Ibid.*, p. 211.

20. Cf. *ibid.*, p. 181.

21. Cf. Jung, *The Structure and Dynamics of the Psyche*, par. 26.

22. *Ibid.*, par. 114 ss.

23. Fragmento 30; *in* Freeman, *Ancilla to the Pre-Socratic Philosophers*, p. 26.

24. Cf. Jung, *Psychology and Alchemy*, par. 404, 473.

25. *Das physikalische Weltbild der Antike*, pp. 219 ss.

26. *In Structure and Dynamics*, par. 441-42.

27. *Ibid.*, par. 441 (grifo nosso).

28. Páginas 3 ss.

29. *Ibid.*, p. 39.

30. *Ibid.*, p. 125.

31. *In* Plutarco, *De genio Socratis*, caps. 21.

32. M. Ninck, *Die Bedeutung des Wassers im Kult und Leben der Alten*, pp. 115 s.

33. Cf. Jung, *Alchemical Studies*, par. 101.

34. Cf. G. Roeder, *Urkunden zur Religion des alten Aegypten*, p. 195.

35. *Ibid.*

36. *Totenbuch der Aegypter,* pp. 313 ss.

37. G. Thausing, *"Altägyptisches religiöses Gedankengut im heutigen Afrika"*, p. 142; ver também pp. 92 e 133.

38. Cf. Robert Steuer, *Ueber das wohlriechende Natron bei den alten Aegyptern,* pp. 23 s.

39. Roeder, *op. cit.,* p. 302.

40. A. Moret, *Mystères Egyptiens*, p. 27.

41. Cf. D. I. Lauf, "Nachtodzustand und Wiedergeburt in den Traditionen der tibetanischen Totenbuchs", p. 95.

42. Citado por Hampe, *op. cit.,* p. 83.

43. *Ibid.*, p. 85.

44. *Ibid.*, p. 91.

45. Jung, *Letters*, vol. 2, p. 146, nota 1.

46. *Ibid.*, p. 146.

47. Jung, *Mysterium Coniunctionis*, par. 691.

48. *Ibid.*, p. 704.

49. Hampe, *op. cit.,* p. 93.

50. Cf. também, por exemplo, Michael Sabom, *Recollections of Death,* pp. 45 ss., 51 ss.

## Capítulo 7

1. Barbara Hannah, "Regression oder Erneuerung im Alten", p. 198.

2. *Ibid.*, pp. 199 ss.

3. *Ibid.*, p. 200.

4. Cf. Jung, *Psychology and Religion*, pars. 387-402, especialmente o par. 400.

5. Citado por Hampe, *Sterben ist doch ganz anders*, p. 96 (grifo nosso).

6. Cf. G. Roeder, *Urkunden zur Religion*, p. 297.

7. *Ibid.*, pp. 297 ss.

8. "O sonhador havia folheado o livro *Legends of the Jews*, de Ginsberg, na casa de um amigo" (Edinger, *Ego and Archetype*, p. 215).

9. O outro desconhecido! (nota da autora).

10. *Ego and Archetype*, pp. 214 s.

11. *Mysterium Coniunctionis*, par. 778.

12. *And a Time to Die*, p. 109 (grifo nosso).

13. *Letters*, vol. 2, p. 146, nota 1.

14. *Ibid.*, pp. 145 s.

15. Cf. Rolf Hofmann, *Die wichtigsten Körpersgottheiten im Huang t'ung ching*, p. 25, pp. 27 ss. O texto do *Huang t'ung ching* refere-se a ideias mais antigas, do período Han.

16. *Ibid.*, p. 26.

17. Com relação à alquimia taoista, cf. Lu K'uan Yü, *Taoist Yoga*.

18. Hofmann, *op. cit.*, p. 29; ver também pp. 39, 45.

19. Cf. Ajit Mookerjee, *Tantra Asana*, p. 5.

20. *Ibid.*, p. 42.

21. *Ibid.*, p. 195.

22. Cf. J. F. Sproktoff, "Der feindliche Tote", p. 271.

23. Arnold Mindell, em seu *Dreambody*, abriu um caminho.

24. Cf. Jung, *The Spirit in Man, Art and Literature*, par. 22.

25. *Ibid.*, par. 29 (do *Labyrinthus medicorum*, cap. 2).

26. *Ibid.*, pars. 39 s. e Jung, *Alchemical Studies*, par. 168.

27. Cf. *ibid.*, par. 171.

28. Citado por Hampe, *op. cit.*, pp. 102 s.

29. *Ibid.*, p. 109.

30. *Ibid.*, pp. 73 s.

31. Jung, *op. cit.*, pars. 85-7.

32. *Ibid.*, par. 86.

33. *Ibid.*

34. *Ibid.* (termos gregos nossos).

35. *Ibid.*, par. 87.

36. De um tratado intitulado "Apokalypsis Heremetis", atribuído por Huser a Paracelso; *in Epistolarum medicinalium Gessneri*, livro I, fol. 2r; citado por Jung, *op. cit.*, par. 166.

37. Cf. Jung, *op. cit.*, par. 86, nota 4.

38. *Mystères Egyptiens*, p. 75.

39. Isto é, "morrer de tristeza" ou "abraçar a (*dmj hr*) vida" (H. Jacobsohn, "The Dialogue of a World-weary Man with His Ba", p. 45).

40. *Ibid.*, p. 44. Ver também Barbara Hannah, *Encounters with the Soul*, p. 103, para uma tradução alternativa.

41. H. Jacobsohn, *op. cit.*, p. 47.

42. Hampe, *op. cit.*, p. 74.

# Capítulo 8

1. *Life after Life*, p. 102.

2. *Ibid.*, p. 104.

3. Hampe, *Sterben ist doch ganz anders*, pp. 92 s.

4. *Memories, Dreams, Reflections*, pp. 290 s. [Foi consultada a tradução de Dora Ferreira da Silva. – N. do T.]

5. Cf. G. A. Gaskell, *Dictionary of All Scriptures and Myths*, p. 93; citado por Fortier, *Dreams and Preparation for Death*, p. 157.

6. "Sterbeerfahrungen psychologisch beleuchtet", p. 34.

7. *Ibid.*

8. *Ego and Archetype*, p. 218.

9. Moody, *op. cit.*, p. 49.

10. Cf. Jung, *Mysterium Coniunctionis*, par. 129.

11. *Ibid.*, par. 133.

12. A esse respeito, cf. também Jung, *Memories*, pp. 321 s.

13. Ver acima, Introdução.

14. *Letters*, vol. 1, pp. 256-58.

15. Daí as bobagens contidas em boa parte das comunicações mediúnicas com espíritos (nota da autora).

16. Jung, *op. cit.*, pars. 257-58.

17. Moody, *op. cit.*, p. 54.

18. *Ibid.*

19. *Memories*, pp. 296 s.

20. Cf. J. Haeckel, "Religion", p. 45.

21. Cf. W. Kucher, *Jenseitsvorstellungen bei den verschiedenen Völkern*, p. 90.

22. *Ibid.*, p. 11.

23. I. Paulson, "Seelenvorstellungen und Totenglaube bei nordischen Völkern", pp. 84 ss.

24. *Pretiosa margarita novella*, p. 121.

25. Com relação a esse assunto e ao que segue, cf. Richard Wilhelm, Weisheit des Ostens, pp. 25 ss.

26. Grifo nosso.

27. Jung, *Letters*, vol. 1, pp. 436 s.

28. Jung refere-se aqui à consciência do Self.

29. Jung, *op. cit.*, p. 437.

30. O paciente descrito por Eldred *in The Psychodynamics of the Dying Process* parece ter sido um caso desse tipo.

31. Cf. também Jung, *Letters*, vol. 1: "É como se a alma se separasse do corpo, às vezes anos antes da ocorrência de fato da morte, ou então no caso de pessoas perfeitamente saudáveis que em breve encontrarão a morte por meio de doença aguda ou acidente. Até onde se pode saber, não parece haver uma decomposição imediata da alma" (p. 438).

32. *Ibid.*, p. 436.

33. Wilhelm, *op. cit.*, p. 26.

34. *Ibid.*, p. 30.

35. Cf. Mokusen Miyuki, *Kreisen des Lichts*, p. 200.

36. *Ibid.*, p. 201, nota 88.

37. *Ibid.*, p. 204, nota 86 (também escrito "semente de painço").

# Capítulo 9

1. Segundo o Codex de Paris, de 1478.

2. "Ho chous" – literalmente, "cascalho", neste caso o concreto-terreno.

3. Berthelot, *Collection*, vol. 2, pp. 296 ss., pars. 15-16.

4. *Ibid.*, pp. 298 s.

5. Página 39; citado por Jung *in Psychology and Alchemy*, par. 374.

6. *Aegyptische Unterweltsbücher*, p. 38.

7. *Ibid.*, p. 37.

8. H. Jacobsohn, "Das göttliche Wort und der göttliche Stein", p. 231.

9. Cf. G. Thausing, *Altägyptische religiöses Gedankengut im heutigen Afrika*, p. 91.

10. Para o que segue, cf. Bernard Uhde, "Psyche ein Symbol?", pp. 103 ss.

11. *Ibid.*, p. 110.

12. *The Histories*, II, 123.

13. *Aegyptische Unterweltsbücher*, pp. 204, 263, 330-33.

14. Cf. H. Corbin, *Spiritual Body and Celestial Earth*, pp. 37 s.

15. "A ilha de Prokonessos era onde se situava a famosa pedreira de mármore grego, agora denominada Marmara (Turquia)" (Jung, *Alchemical Studies*, par. 87, nota 14).

16. *Ibid.*, par. 87.

17. *Ibid.*, par. 86.

18. *Ibid.*, pars. 91 ss.

19. Cf. *ibid.*, par. 118.

20. *Ibid.*, par. 112.

21. Cf. *ibid.*, pars. 118-19.

22. Cf. H. Jacobsohn, *op. cit.*, pp. 234 s.

23. *Memories, Dreams, Reflections*, p. 290.

24. *Ibid.*, p. 291.

25. Von Franz, *C. G. Jung: His Myth in Our Time*, p. 287.

26. *Memories*, p. 4.

27. *Alchemical Studies*, par. 120.

28. Cf. Roeder, *Urkunden*, p. 298.

29. *Sterben ist doch ganz anders*, p. 71.

30. Cf. F. Cumont, *Lux Perpetua*, p. 24 e ilustração.

31. Citado por J. Ebert, "Parinirvana", pp. 287, 289.

32. Barbara Hannah, *Jung: His Life and Work*, p. 344.

33. *Ibid.*

34. *Ibid.*

35. *Memories*, p. 225.

36. *Ego and Archetype*, pp. 220-21.

37. *Alchemical Studies*, par. 119.

38. *Ibid.*, par. 127.

39. *Ibid.*

40. *Ibid.*

41. Página 211.

42. David Eldred, *Psychodynamics of the Dying Process*, p. 171.

# Capítulo 10

1. Cf. E. Mattiesen, *Das persönliche Ueberleben des Todes, passim.*

2. *Letters*, vol. 2, p. 44.

3. *Commentary on the Golden Verses*; ver G. R. S. Mead, *The Doctrine of the Subtle Body in Western Tradition*, pp. 63 s.

4. *Lexicon der Suidas*, p. 194.

5. Paragr. 414. Citado por Mead, *op. cit.,* pp. 59 s.

6. O "corpo espiritual" de Mead, *op. cit.,* pp. 33 ss.

7. *De sera numinis vindicta*, XXII, p. 564.

8. Mead, *op. cit.,* pp. 42 s.

9. *Sententiae ad intelligibilia descendentes*, XXIX, pp. 13 s.; citado por Mead, *op. cit.,* p. 45.

10. *Philoponi in Aristotelis de Anima*, 9, 35 s.; 10, 42 s.; citado por Mead, *op. cit.,* pp. 48 s.

11. Mead, p. 51.

12. Cf. Jung, *Alchemical Studies*, pars. 85-144.

13. *Spiritual Body*, pp. 180-221.

14. *Ibid.*, pp. 90 ss.

15. O "ser luminoso" de Moody, *Life after Life*, pp. 58 ss.

16. *In Sententiae ad intelligibilia descendentes*, sumário da doutrina de Plotino feito por Porfírio, pp. 14 s. Cf. Mead, *op. cit.,* pp. 61 ss.

17. *Commentaries on the Timeaus of Plato*, 384 AB, 848.

18. Cf. Mead, p. 63.

19. Citado por Jaffé, *Apparitions and Precognition*, p. 66.

20. *Ibid.*

21. Segundo o Sheikh Ahmad, somente a quintessência desse aspecto do inconsciente coletivo sobrevive à morte do indivíduo e é por assim dizer preservado em seu "corpo espiritual".

22. *Letters*, vol. 1, p. 257 (grifo nosso).

23. *Ibid.*, p. 256.

24. *Memories*, p. 325.

25. Cf. Von Franz, *Projection and Re-Collection in Jungian Psychology*, pp. 95 ss.

26. *Letters*, vol. 1, p. 343.

## Capítulo 11

1. Sir John Eccles, famoso especialista em cérebro, postulou recentemente a independência de uma parte da psique em relação ao cérebro. Ver *The Human Brain*; e também Wilder Penfield, *The Mystery of the Mind*.

2. *Letters*, vol. 2, p. 45.

3. *The Tao of Physics*, p. 188.

4. *Letters*, vol. 1, p. 433.

5. *Dreams: God's Forgotten Language*, p. 60.

6. *Mysterium Coniunctionis*, par. 763.

7. Cf. Von Franz, *Aurora Consurgens*, p. 379.

8. *Sterben ist doch ganz anders*, p. 126.

9. *Ibid.*, pp. 81 s. (grifo nosso).

10. "Near Death Experiences", p. 111.

11. Cf. A. Jaffé, *Apparitions*, pp. 175 s.

12. Cf. Jung, *Psychology and Alchemy*, pars. 201-08.

13. A telepatia, por exemplo (nota da autora).

14. *Letters*, vol. 1, pp. 117 s.

15. *Letters*, vol. 2, p. 561.

16. *Op. cit.*, p. 182 (grifo nosso).

17. *Op. cit.*, p. 51.

18. *Ibid.*, p. 58.

19. *Ibid.*

20. *Ibid.*, p. 59.

21. *Das persönliche Ueberleben des Todes*, vol. 1, p. 90.

22. Cf. também as aparições luminosas, *ibid.*, pp. 93, 112; vol. 2, p. 261; vol. 2, p. 313, em que uma luz desse tipo aparece durante uma experiência de desligamento do corpo.

23. Citado por Mattiesen, *op. cit.*, vol. 3, p. 25.

24. *Ibid.*, p. 171.

25. *Ibid.*, p. 189.

26. Cf. F. Capra, *op. cit.*, p. 211.

27. *Wholeness and the Implicate Order*.

28. *Ibid.*, p. 71.

29. Cf. *ibid.*, p. 72.

30. Bohm, *op. cit.*, pp. 147 ss.

31. *Ibid.*, p. 151.

32. *Ibid.*, p. 186.

33. *Ibid.*, p. 209.

34. Cf. também S. Grof, *Die Erfahrung des Todes*, pp. 157 ss.

35. Bohm, *op. cit.*, especialmente a p. 210.

36. *Op. cit.*, especialmente a p. 230 ss.

37. *Précis of Special Relativity*, p. 14.

38. *L'Esprit cet Inconnu*.

39. Cf. também W. Cazenave, *La Science et l'âme du Monde*.

40. Cf. também M. Sabom, *Recollections of Death*, pp. 51 s.

41. Cf. também Hubert Reeves, *Patience dans l'Azur*, pp. 245 s.

42. Cf. A. Vorbichler, "Das Leben im Rythmus von Tod und Wiedergeburt in der Vorstellung der schwartzafrikanischen Völker": "Nessa tradição religiosa [...] há morte e tudo aquilo que faz parte dela. A morte não é de forma alguma um fim, mas apenas uma transição para outro estado de ser no interior da comunidade" (p. 230).

43. Theo Sundermeier, "Todesriten und Lebenssymbole in den afrikanischen Religionen", p. 256.

44. *Letters*, vol. 1, p. 569.

# BIBLIOGRAFIA

*Aegyptische Unterweltsbücher*. Org. por Erik Hornung. Zurique/ Munique: Artemis, 1972.

Aichele, W. (org.). *Die Märchen der Weltliteratur*:

_____. *Französische Märchen*. Jena: Diederichs, 1923.

_____. *Zigeuner Märchen*. Jena: Diederichs, 1926.

_____. *Bretonische Märchen*. Dusseldorf/Colônia: Diederichs, 1959.

Aichlin, H.; Feist, D.; Herzog, R.; Lindner, R.; Pohlhammer, H. G. *Tod un Sterben*. Gütersloh/Munique: Siebenstern, 1978.

Anders, Ferdinand. *Das Pantheon der Maya*. Graz: Akademische Druck- und Verlagsanstalt, 1963.

Anderson, A.; Dibble, Charles Elliott (orgs.). *The Florentine Codex*. Santa Fé, 1978.

Arnold, Paul. *Das Totenbuch der Maya*. Berna/Munique/Viena: Scherz, 1980.

Arnold-Döbin, V. "Die Symbolik des Baumes im Manichaeismus", *Symbolon*, vol. 5. Colônia: Brill, 1980.

Artemidorus of Daldes, *Traumbuch*. Trad. por F. Kraus. Basel/Stuttgart: Schwabe, 1965. Versão inglesa: *Judgement or Exposition of Dreams*. Londres, 1606.

Barb, A. A. "Diva Matrix", *Journal of the Warburg and Courtauld Institute*, nº 16, pp. 200 ss. Londres, 1963.

Berthelot, M. *La chimie au Moyen Age*. 3 vols. Reprodução da edição de 1893. Osnabrück: Otto Zeller, 1967.

_____. *Collection des anciens alchimistes grecs*. 3 vols. Reprodução da edição de 1888 (Paris). Osnabrück: Otto Zeller, 1967.

Bohm, David, *Wholeness and the Implicate Order*. Londres/Boston/Henley: Routledge & Kegan Paul, 1980.

Bonus, Petrus. *Pretiosa margarita novella*. Org. por Joannes Lacinius. Veneza, 1546.

Boros, Ladislaus. *The Mystery of Death*. Nova York: Crossroad, 1973.

Bozzano, E. *Uebersinnliche Erscheinungen bei Naturvölkern*. Berna: Francke, 1948.

*Bretonische Märchen*. Ver Aichele, W.

Brunner, Helmut. "Unterweltsbücher in ägyptischen Königsgräben." In: *Leben und Tod in den Religionen*.

Capra, Fritjof. *The Tao of Physics*. Boulder: Shambala, 1976. [*O Tao da Física*. 28. ed. São Paulo: Cultrix, 2011.]

Cazenave, M. *La Science et l'Âme du Monde*. Paris: Imago, 1983.

Charon, J. *L'Esprit cet Inconnu*. Paris: Albin Michel, 1977.

Clarus, Ingeborg. *Du stirbst, damit du lebst: Aegyptische Mythologie in tiefenpsychologischer Sicht*. Fellbach: Bonz, 1980.

Clement of Alexandria. *Stromata. In: The Writings of Clement of Alexandria*. Trad. por William Wilson. (Ante-Nicene Christian Library, 4, 12.) Edimburgo: 1867, 2 vols.

Corbin, Henri. *Creative Imagination in the Sufism of Ibn'Arabi*. Trad. por Ralph Manheim. (Bollingen Series XCI.) Princeton: Princeton University Press, 1969.

_____. *Spiritual Body and Celestial Earth: From Mazdean Iran to Shi'ite Iran*. Trad. por Nancy Pearson. (Bollingen Series XCI:2.) Princeton: Princeton University Press, 1977.

Costa de Beauregard, Olivier. *Précis of Special Relativity*. Trad. por B. Hoffman. Academy Press, 1966.

Cumont, François. *Lux perpetua*. Paris: Genthner, 1949.

Damascius. *Commentaries on Plato's Parmenides*. Paris: 1889.

Dibble, Charles Elliott. Ver Anderson, A.

Ebert, Jorinde. "Parinirvana". *In: Leben und Tod in den Religionen*.

Eccles, John. *The Human Psyche*. Berlim/Nova York: Springer, 1980.

Edinger, Edward. *Ego and Archetype: Individuation and the Religious Function of the Psyche*. Nova York: Putnam's Sons, para a C. G. Jung Foundation, 1972. [*Ego e Arquétipo — Uma síntese fascinante dos conceitos psicológicos de Jung*. 2. ed. São Paulo: Cultrix, 2020.]

Eldred, David. *The Psychodynamics of the Dying Process*: *An Analysis of the Dreams and Paintings of a Terminally Ill Woman*. Dissertação, University of Michigan, 1982. Inédito.

Eliade, Mircea. *Von Zalmoxis zu Dschingis-Kahn: Religion und Volkskultur in Süd-Ost-Europa*. Colônia: Hohenheim, 1982.

Espagnat, B. *A la Recherche du Réel*. Paris: Gauthier, 1980.

Feist, D. Ver Aichlin, H.

Fortier, Millie Kelly. *Dreams and Preparation for Death*. Dissertação. Ann Arbor/Londres: University Microfilms International, 1972.

Franz, Marie-Louise von. "Archetypes Surrounding Death." *Quadrant*, vol. 12, nº 1 (verão 1979).

_____. *Aurora Consurgens: A Document Attributed to Thomas Aquinas on the Problem of Opposites in Alchemy*. Trad. por R. F. C. Hull e A. S. B. Glover. Nova York: Pantheon Books, 1966.

_____. *C. G. Jung: His Myth in Our Time*. Trad. por William H. Kennedy. Nova York: Putnam's Sons for C. G. Jung Foundation, 1975.

_____. *Number and Time: Reflections Leading toward a Unification of Depth Psychology and Physics*. Trad. por Andrea Dykes. Evanston: Northwestern University Press, 1974.

_____. *The Passion of Perpetua*. Irving: Spring Publications, 1979.

_____. *Projection and Re-Collection in Jungian Psychology: Reflections of the Soul*. Trad. por William H. Kennedy. La Salle/Londres: Open Court, 1980.

_____. *Die Visionen des Niklaus von Flüe*. Zurique: Daimon, 1980.

_____; Frey-Rohn, Liliane; Jaffé, Aniela. *Im Umkreis des Todes*. Zurique: Daimon, 1980. [*A Morte à Luz da Psicologia*. São Paulo: Cultrix, 1990 (fora de catálogo).]

*Französische Märchen*. Ver Aichele, W.

Frazer, J. G. *Adonis, Attis, Osiris*. Londres: Macmillan, 1906.

Freeman, Kathleen. *Ancilla to the Pre-Socratic Philosophers*. Cambridge: Harvard University Press, 1957.

Frey-Rohn, Liliane. "Sterbeerfahrungen psychologisch beleuchtet". *In:* Franz, Marie-Louise von et al., *Im Umkreis des Todes*, pp. 29-95.

Gaskell, G. A. *A Dictionary of All Scriptures and Myths*. Nova York: Julian Press, 1960.

Gotthelf, Jeremias. *Die schwarze Spinne*. Berna: Stämpfli, 1979.

Grabmann, Martin. *Die echten Schriften des hl. Thomas von Aquin*. Münster: 1920.

Granet, Marcel. *Danses et Lègendes de la Chine Ancienne*. Paris: Presses Universitaires de France, 1959.

_____. *La Pensée Chinoise: Chinese Thought*. Ayer Company, 1975.

Greshake, Gisbert; Lohfink, Gerhard. *Naherwartung, Auferstehung, Unsterblichkeit*. Freiburg/Basel/Viena: Herder, 1978.

Griffiths, J. G. *Apuleius of Madura: The Isis Book*. Leiden: Brill, 1975.

Grof, Stanislav. "Die Erfahrung des Todes", *Integrative Therapie*, 2, 3 (1980).

Grof, Stanislav; Halifax, Joan. *The Human Encounter with Death*. Nova York: Dutton, 1978.

Grundermeier, Theo. "Todesriten und Lebenssymbole in den afrikanischen Religionen". *In: Leben und Tod in den Religionen*.

Haekel, J. "Religion". *In: Lehrbuch der Völkerkunde*.

Hampe, Johann Christoph. *Sterben ist doch ganz anders: Erfahrungen mit dem eigenen Tod*. Berlim: Kreuz Verlag, 1975.

Hannah, Barbara. *Encounters with the Soul: Active Imagination as Developed by C. G. Jung*. Santa Monica: Sigo Press, 1981.

Hannah, Barbara. *Jung: His Life and Work: A Biographical Memoir*. Nova York: Putnam's Sons, 1976.

_____. "Regression oder Erneuerung im Alter". In: *Psychotherapeutische Probleme*, pp. 175-206.

Heraclitus. Ver "Heracleitus of Ephesus" *in* Freeman, Kathleen, *Ancilla to the Pre-Socratic Philosophers*, pp. 24-34.

Herodotus. *The Histories*. Trad. por Aubrey de Selincourt. (Penguin Classics.) Harmondsworth, 1953.

Herzog, Edgar. *Psyche and Death*. Trad. por David Cox e Eugene Rolfe. Nova York: Putnam's Sons for C. G. Jung Foundation, 1966.

Herzog, R. Ver Aichlin, H.

Hierocles of Alexandria. *Commentary on the Golden Verses (Carmina Aurea) of Pythagoras*. In: F. W. Mullach, *Fragmenta philosophorun Graecorun*, 1860.

Hofmann, Rolf. *Die wichtigsten Körpergottheiten im Huang t'ung chin*. Göppingen: Göppiger Akademiker Beiträge, 1971.

Hoghelande, Theobald de. "De alchemiae difficultatibus". In: *Theatrum chemicum*, vol. 1, pp. 109-91. Estrasburgo, 1659.

Horace. *Satires, Epistles, and Ars Poetica*. Trad. para o inglês por H. Rushton Fairclough. (Loeb Classical Library.) Londres/Nova York: 1929.

Hornung, Erik (org.). *Aegyptische Unterweltsbücher*. Zurique/Munique: Artemis, 1972.

_____. *Das Totenbuch der Aegypter*. Zurique/Munique: Artemis, 1979.

Hudson, W. H. *Green Mansions*. In: *Collected Works of W. H. Hudson*, vol. 12. Nova York: Dutton, 1923.

*I Ching, or the Book of Changes.* Trad. alemã de Richard Wilhelm, vertida para o inglês por Cary F. Baynes. 2 vols. (Bollingen Series XIX.) Nova York: Pantheon Books, 1950.

Jacobsohn, Helmut. "The Dialogue of a World-weary Man with His Ba". Trad. por A. R. Pope. *In:* Jacobsohn, Helmut; Von Franz, Marie-Louise e Hurwitz, Siegmund. *Timeless Documents of the Soul.* Evanston: Northwestern University Press, 1968.

_____. "Das göttliche Wort und der göttliche Stein". *In: Eranos Jahrbuch,* vol. 39, 1973.

_____; Von Franz, Marie-Louise; Hurwitz, Siegmund. *Timeless Documents of the Soul.* Evanston: Northwestern University Press, 1968.

Jaffé, Aniela. *Apparitions and Precognition: A Study from the Point of View of C. G. Jung's Analytical Psychology.* Trad. por Vera Klein Williams e Mary Eliot. New Hyde Park: University Books, 1963.

_____. "Der Tod in der Sicht von C. G. Jung". *In:* Von Franz, Marie-Louise; Frey-Rohn, Liliane; Jaffé, Aniela. *Im Umkreis des Todes,* pp. 11-27.

Jung, C. G. *Alchemical Studies, Collected Works,* vol. 13. Trad. por R. F. C. Hull. Princeton: Princeton University Press, 1967.

_____. *The Archetypes and the Collective Unconscious. Collected Works,* vol. 9 (1). Trad. por R. F. C. Hull. Princeton: Princeton University Press, 1959.

_____. *Collected Works of C. G. Jung.* Trad. por R. F. C. Hull. (Bollingen Series XX.) 20 vols. Princeton: Princeton University Press, 1953-1978.

_____. *Letters,* vol. 1: 1906-1950. Trad. do alemão por R. F. C. Hull. Princeton: Princeton University Press, 1973.

_____. *Letters,* vol. 2: 1951-1961. Trad. do alemão por R. F. C. Hull. Princeton: Princeton University Press, 1975.

Jung, C. G. *Memories, Dreams, Reflections*. Anotado e org. por Aniela Jaffé. Trad. por R. e C. Winston. Nova York: Pantheon Books, 1961.

_____. *Mysterium Coniunctionis: An Inquiry into the Separation and Synthesis of Psychic Opposites in Alchemy*. Collected Works, vol. 14. Trad. por R. F. C. Hull. Princeton: Princeton University Press, 1963.

_____. *Psychology and Alchemy*. Collected Works, vol. 12. Trad. por R. F. C. Hull. Princeton: Princeton University Press, 1953.

_____. *Psychology and Religion: West and East*. Collected Works, vol. 11, Trad. por R. F. C. Hull. Princeton: Princeton University Press, 1958.

_____. *The Structure and Dynamics of the Psyche*. Collected Works, vol. 8. Trad. por R. F. C. Hull. Princeton: Princeton University Press, 1960.

_____. Wilhelm, Richard. *The Secret of the Golden Flower: A Chinese Book of Life*. Nova York: Harcourt, Brace & World, 1931.

Junker, N. *Die Stundenwachen in den Osirismysterien*. Akademie der Wissenschaft, vol. 4. Viena: 1910.

Kees, Hermann. *Totenglauben und Jenseitsvorstellungen der alten Aegypter*. Berlim: Akademie Verlag, 1977.

Kennedy, Emmanuel Xipolitas. Archetypische Erfahrungen in der Nähe des Todes. Ein Vergleich zwischen "Toderserlebnissen" und "Todesträumen". Dissertação, University of Innsbruck, 1980. Inédito.

Kerenyi, Karl. *Hermes der Seelenführer*. Zurique/Munique: Artemis, 1944.

Kübler-Ross, Elisabeth. *Death, the Final Stage of Growth*. Englewood Cliffs: Prentice Hall, 1975.

_____. *Living with Death and Dying*. Nova York: Macmillan, 1981.

_____. *On Death and Dying*. Nova York: Macmillan, 1969.

Kucher, W. *Jenseitsvorstellungen bei den verschiedenen Völkern, Imago Mundi*, vol. 7. Innsbruck: 1980.

Lampedusa, Giuseppe Di. *The Leopard*. Nova York: Pantheon Books, 1980.

Lauf, Detlef Ingo. "Im Zeichen des grossen Uebergangs". *In: Leben und Tod in den Religionen*, pp. 80 ss.

_____. "Nachtodzustand und Wiedergeburt in den Tradition des tibetischen Totenbüchs". *In: Leben nach dem Sterben*.

*Leben nach dem Sterben*. Org. por A. Rosenberg. Munique: Kösel Verlag, 1974.

*Leben und Tod in den Religionen*. Org. por G. Stephenson. Darmstadt: Wissenschaftliche Buchgesellschaft, 1980.

Lechner-Knecht, Sigrid. "Totenbräuche und Jenseitsvorstellungen bei den heutigen Indianern und bei asiatischen Völkern". *Imago Mundi*, vol. 7. Innsbruck: 1980.

Le Goff, Jacques. *The Birth of Purgatory*. Chicago: Chicago University Press, 1984.

*Lehrbuch der Völkerkunde*. Org. por Hermann Trimborn. Stuttgart: 1958.

Leisegang, H. *Die Gnosis*. Leipzig: Kröner, 1924.

*Lexikon der Suidas*. Berlim: 1854.

Lindley, J. "Near Death Experiences", *Anabiosis, the Journal for Near Death Studies*, n⁰ 1 (dez. 1981).

Lindsay, Jack. *The Origins of Alchemy in Graeco-Roman Egypt*, Londres: Frederick Muller, 1970.

Lockhart, Russel A. "Cancer in Myth and Dream: An Exploration into the Relation between Dreams and Disease", primavera 1970, pp. 1-26.

Lopatin, Ivan A. *The Cult of the Dead among the Natives of the Amur Basin*. Haia: Mouton, 1960.

Lu K'uan Yü. *Taoist Yoga: Alchemy and Immortality*. Nova York: Wieser, 1970.

Lückel, Kurt. *Begegnung mit Sterbenden*. Munique/Mainz: Kaiser Grünewald, 1981.

Mann, Thomas. *Death in Venice*. Trad. por Kenneth Burke. Nova York: Alfred A. Knopf, 1925.

Mannhardt, W. *Wald- und Feldkulte*. 2 vols. Darmstadt: Wissenschaftliche Buchgesellschaft, 1963.

*Die Märchen der Weltliteratur*. Ver Aichele, W.

Mattiesen, Emil. *Das persönliche Ueberleben des Todes*. 3 vols. Berlim: W. de Gruyter, 1968.

Mead. G. R. S. *The Doctrine of the Subtle Body in Western Tradition: An Outline of What the Philosophers Thought and Christians Taught on the Subject*. Londres: Stuart & Watkins, 1967.

Meves, Christa. "Jenseits des Todes". *In: Leben nach dem Sterben*, pp. 70-8.

Meyer, Joachim E. *Tod und Neurose*. Göttingen: Vanderhoeck & Ruprecht, 1973.

Mindell, Arnold. *Dreambody: The Body's Role in Revealing the Self*. Santa Monica: Sigo Press, 1982.

Miyuki, Mokusen. *Kreisen des Lichtes: Die Erfahrung der goldenen Blüte*. Weilheim: O. W. Barth, 1972.

Moody, Raymond A. *Life after Life: The Investigation of a Phenomenon – Survival of Bodily Death*. Nova York: Bantam Books, 1976.

_____. *Reflections on Life after Life*. Nova York: Bantam Books, 1978.

Mookerjee, Ajit. *Tantra Asana: Ein Weg zur Selbstverwirklichung*. Viena: Schroll, 1971.

Moret, A. *Mystères Egyptiens*. Paris: Colin, 1922.

Neumann, Wolfgang. *Der Mensch und sein Doppelgänger*. Wiesbaden: Steiner, 1981.

Ninck, Martin. *Die Badeutung des Wassers im Kult und Leben der Alten*. Darmstadt: Wissenschaftliche Buchgesellschaft, 1960.

Nötscher, Friedrich. *Altorientalicher und alttestamentlicher Auferstehungsglaube*. Darmstadt: Wissenschaftliche Buchgesellschaft, 1980.

Olympiodorus. Ver Berthelot, *Collection des anciens alchimistes grecs*.

Origen. Ver Mead, G. R. S., *The Doctrine of the Subtle Body in Western Tradition*.

Osis, Karlis; Haraldson, Erlendur. *At the Hour of Death*. Nova York: Avon, 1980.

Paracelsus. *The Hermetical and Alchemical Writings of Aureolus Philippus Theophrastus Bombast of Hohenheim, called Paracelsus the Great*. Trad. por A. E. Waite. 2 vols. Londres: 1894.

Paulson, J. "Seelungenvorstellungen und Totenglauben bei nordischen Völkern", *Ethos* (Estocolmo), vol. 1/2 (1960).

Pelgrin, Mark. *And a Time to Die*. Londres: Routledge & Kegan Paul, 1961.

Penfield, Wilder et al. *The Mystery of the Mind: A Critical Study of Consciousness and the Human Brain*. Princeton: Princeton University Press, 1975.

Philoponus, Johannes, *Philoponi in Aristotelis de Anima*. Org. por M. Hayduck. Berlim: 1897.

Plutarch. *De genio Socratis. In: Moralia*. Org. por C. Hubert et al. Leipzig: 1892-1935. 7 vols. (vol. 3, pp. 460-511). Trad. inglesa de Philemon Holland, revista por C. W. King e A. R. Shilleto; Classical Library, Londres: 1882-1888.

Plutarch. *De sera numinis vindicta. In: Moralia.* Ver Plutarch, *De genio Socratis.*

Pohlhammer, H. G. Ver Aichlin, H.

Porphyry. *Sententiae ad intelligibilia descendentes.* Org. por Mommert. Leipzig: 1907.

Priestley, J. B. *Man and Time.* Londres: Aldus, 1969.

Proclus. *Commentaries on the Timaeus of Plato.* Trad. por Thomas Taylor. 2 vols. Londres: 1820.

*Psychotherapeutische Probleme.* Zurique/Stuttgart: Rascher, 1964.

Radford, John. "An Image of Death in Dreams and Ballads", *International Journal of Symbology*, vol. 6, n° 3 (1975).

Rahim (Iman'Abd ar-Rahim ibn Ahmad al-Qadi). *Das Totenbuch des Islams.* Munique: Scherz, 1981.

Rahner, Karl. *Zur Theologie des Todes.* Freiburg/Basel/Viena: Herder, 1961.

Ranke, R. *Indogermanische totenverehrung.* Folklore Fellow Communications, vol. LIX, n° 140, pp. 164 ss. Helsinki: 1951.

Reeves, Hubert. *Patience dans l'Azur. L'Evolution cosmique.* Paris: Seuil, 1981.

Resch, Andreas (org.). *Fortleben nach dem Tode. Imago Mundi,* n° 7. Innsbruck: Resch Verlag, 1980.

Roeder, Günther. *Urkunden zur Religion des alten Aegypten.* Jena: Diederichs, 1923.

Rosenberg, Alfons (org.). *Leben nach dem Sterben.* Munique: Kösel, 1974.

Sabom, Michael B. *Recollections of Death: A Medical Investigation.* Nova York: Harper & Row, 1982.

Samburski, S. *Das physikalische Weltbild der Antike*. Zurique/Munique: Artemis, 1965.

Sanford, John A. *Dreams: God's Forgotten Language*. Filadélfia/Nova York: Lippincott, 1968.

Sborowitz, A. (org.). *Der leidende Mensch*. Darmstadt: Wissenschaftliche Buchgesellschaft, 1960.

Schopenhauer, Arthur. *Parerga und Paralipomena*. Zurique: Diogenes, 1977.

Sixtus of Siena. *Biblioteca Sancta Venetiis*. Veneza: 1566.

Sprocktoff, J. F. "Der feindliche Tote". *In: Leben und Tod in den Religionen*.

Steffen, Uwe. *Das Mysterium von Tod und Auferstehung*. Göttingen: Vanderhoeck & Ruprecht, 1963.

Stephenson, Gunther (org.). *Leben und Tod in den Religionen: Symbol und Wirklichkeit*. Darmstadt: Wissenschaftliche Buchgesellschaft, 1980.

Steuer, Robert. *Ueber das wohlriechende Natron bei den alten Aegypter*. Leiden: Brill, 1937.

Sundermeier, Theo. "Todesriten und Lebenssymbole in den afrikanischen Religionen". *In: Leben und Tod in den Religionen*.

Tertullian. *De carnis resurrectione. Corpus scriptorum Latinorum Academiae Vindobonensis*, vol. 47 (1906). Trad. inglesa de C. Dodgson. *In: Library of the Fathers*, vol. 10. Oxford: 1842.

Thausing, Gertrud. "Altägyptisches religiöses Gedankengut im heutigen Afrika". *In: Leben und Tod in den Religionen*.

_____. *Der Auferstehungsgedanke in ägyptischen religiösen Texten*. Leipzig: Kroner, 1943.

*Totenbuch der Aegypter*. Ver Hornung, E.

Trimborn, Hermann (org.). *Lehrbuch der Völkerkunde*. Stuttgart: 1958.

Uhde, Bernard. "Psyche ein Symbol?" *In: Leben und Tod in den Religionen.*

Vermeule, Emily. *Aspects of Death in Early Greek Art and Poetry.* Berkeley: University of California Press, 1979.

Vorbichler, A. "Das Leben in Rhythmus von Tod und Wiedergeburt in der Vortellung der schwartzafrikanischen Völker". *In: Leben und Tod in den Religionen.*

Wheelwright, Jane. *The Death of a Woman.* Nova York: St. Martin's Press, 1981.

Whitmont, Edward C. *The Symbolic Quest.* Nova York: G. P. Putnam's Sons, 1969.

Widengren-Georg. *Mani und der Manichaeismus.* Stuttgart: Kohlhammer, 1961.

Wiesner Joseph. *Grab und Jenseits: Untersuchungen im ägaischen Raum der Bronzezeit und Eisenzeit.* Berlim: Töpelmann, 1938.

Wilhelm, Richard. *Weisheit des Ostens.* Düsseldorf/Colônia: Diederichs, 1951.

_____; Jung, C. G. *The Secret of the Golden Flower: A Chinese Book of Life.* Nova York: Harcourt, Brace & World, 1931.

Wit, Constant de. *Le rôle et le sens du lion dans l'Egypte ancienne.* Leiden: Brill, 1951.

*Zigeuner Märchen.* Ver Aichele, W.

Zózimos de Panópolis. Ver Berthelot, *Collection des anciens alchimistes grecs*, vol. 2, "Les Oeuvres de Zosime", pp. 107-252.